Eberhard Reuß • Kaaf mer ebbes ab …
Erinnerungen an den Blumepeter

Eberhard Reuß

Kaaf mer ebbes ab ...

Erinnerungen an den Blumepeter

Ein dokumentarischer Bericht

Buch IPa

Umschlaggestaltung: Manfred Arnold

Die teilweise geminderte Bildqualität liegt
am Alter der Aufnahmen

Mit freundlicher Unterstützung von SWR 4 – Kurpfalzradio

1. Auflage 1998

Gesamtproduktion: IPa, 71665 Vaihingen/Enz
Printed in Germany

ISBN 3-933486-03-3

Inhalt

Ein ungewöhnliches Schicksal

Mannheim, Kapuzinerplanken. Ein Stück Fußgängerzone zwischen den Innenstadtquadraten und der Kunststraße. Passanten gehen ihres Weges, vorbei an einem merkwürdigen Denkmal. Da sitzt ein kleiner, gußeiserner Mann auf einem bankartigen Sockel und grinst übers breite Gesicht mit verkniffenen Augen, auf dem Kopf eine Art Schildmütze, die „Datschkapp“, um es auf Mannemerisch zu sagen. Ja, diese Skulptur von Gerd Dehof soll den Blumepeter darstellen, den vermeintlichen Inbegriff für kurpfälzer Wortwitz und Schlagfertigkeit. Das Denkmal wurde dem Peter am 5. Juli 1967 gesetzt und war damals noch auf dem Gockelsmarkt in N 4 plaziert, um einige Jahre später aus städtebaulichen Gründen schräg gegenüber auf O 5 zu landen. Ebenso liebe wie kundige Menschen haben dieser Blumepeter-Figur immer wieder ein Blümchen zugesteckt, ein schöner Brauch, der mittlerweile aber etwas in Vergessenheit geraten zu sein scheint. So richtig aufgeblüht war die Erinnerung an den Blumepeter noch einmal 1990, als es galt, seines 50. Todestages zu gedenken. Das hieß damals auch: Mikrofon ausgepackt, auf die Passanten los und gefragt. Wer ist der kleine Kerl, dem dieses Denkmal gewidmet ist? Am Ende kam für *Kurpfalz-Radio* das sauber geschnittene und damals vielleicht durchaus repräsentative Umfrageergebnis heraus:

„Nä,nä, tut mer leid, hab' kää Ahnung.“

„Ja, das ist der Blumepeter. Das muß ein Mannheimer Original gewesen sein, aber mehr weiß ich nicht.“

„Der Blumepeter ist eine urwüchsige Persönlichkeit, die hier allgemeine Achtung genießt. Von dem Mann wird immer wieder erzählt, und ich habe einen Freund, der hat ihn sogar noch gekannt. Der Blumepeter war also schon eine Persönlichkeit.“

„Ich weiß, daß es ein armer Kerl war und daß er sich halt so durch das Leben geschlagen hat.“

„Der war in der Irrenanstalt. Also ob man so jemandem unbedingt mit einem Denkmal verherrlichen muß? Also ich finde das schon arg übertrieben.“

„Ich bin 85 Jahre alt, ich kann mich also noch erinnern, wie er da so in der Stadt herumgelaufen ist und wie ihn die Leute angepöbelt haben. Der Mann hat einem leid getan.“

Ob sich die Passanten auf den Kapuzinerplanken heute ähnlich dezidiert über den Blumepeter äußern könnten? An seinem Denkmal wird immer seltener ein Blümchen drapiert, die reale Person, an die diese Skulptur erinnern soll, gerät in selige Vergessenheit und verkümmert zu lokaler Legende, die vieles zudeckt, was uns an dem tatsächlichen Blumepeter immer noch interessieren könnte. Je mehr ich mich mit der Biografie und dem Nachleben dieses Peter Schäfer befaßte, desto symptomatischer schien mir dieser Mensch und seine triste Existenz für das, was wir Nachgeborene aus trüben Erinnerungen machen. Dieser merkwürdige Lebensweg des Blumepeter weist weit über das traurig kuriose Schicksal einer „Mannheimer Lokalgröße“ hinaus: Weshalb ich für Hörfunk und Fernsehen mehr oder minder ausführlich über Peter Schäfer berichten durfte und nun auch dieses Buch zusammengestellt habe.

Fiktionen und Fakten

Peter Schäfer, genannt Blumepeter, geboren am 5. April 1875 in Plankstadt, einem Dorf im Süden der Großstadt Mannheim. Ums Leben gekommen am 15. Juni 1940 in der Heil- und Pflegeanstalt Wiesloch. Dies ist die Geschichte von Peter Schäfer, dem Blumepeter aus Mannheim, einem von Geburt an körperlich und geistig behinderten Menschen, der nach seinem Tode zu ungeahntem Nachruhm gekommen ist.

Kläh vunn Wuchs,
Kaum greeßer wie'n Meter,
Gerisse wie'n Fuchs
War unser Blumepeter.

Breet war soi Nas,
Soi Gsicht war noch viel breeder,
Soi Bäh so krumm wie bei'me Has,
So war de Blumepeter.

Die Kapp dief in de Kopp gedrickt,
Unn mit verflickte Kleeder,
Is jeden Owend ausgerickt,
Der gude Blumepeter.

Soi Gosch war scharf als wie e Schwert,
Unn oft mit viel Gezeder
Is ständisch dorch die Nacht geerrt,
Der schlaue, klähne Peter.

Am linke Arm s'Kerwl voll Blume,
Des weeß heit fascht noch jeder,
So issa an die Wertsdisch kumme,
Der klähne, scheppe Peter.

Bekannt war er in Schtadt unn Land,
So gut wie'n roder Keeter,
Mi'm Veilchestraißl in de Hand,
De Mannemer Blumepeter.

Dichtung und Wahrheit gehen 1963 auch in einem „Mannheim-Reiseführer" eine bemerkenswerte Liaison ein:

„Blumepeter. Alt-Mannheimer Original um die Jahrhundertwende. Von Natur mit gnomenhaftem Wuchs recht stiefmütterlich behandelt, dafür aber mit urwüchsigem Humor und entwaffnender Schlagfertigkeit ausgestattet."

Von besagter Schlagfertigkeit künden Hunderte von Witzen, die bemühte Verfasser dem Blumepeter zugeschrieben und in mehreren Büchern zu Papier gebracht haben. Elsbeth Janda, bekannte und beliebte kurpfälzer Autorin, Diseuse und Schauspielerin, hat spontan diesen Blumepeter-Witz parat:

> *„Der Blumepeter ist im Frühling auf den Mannheimer Planken gestanden und hat Veilchen verkauft. Es kam ein Mann aus Norddeutschland, der wollte ihm ein Sträußchen abkaufen, schaute deshalb in dem Korb herum und sagte dann: 'Ist das alles, was Sie da zu verkaufen haben?' Und da antwortete der Blumepeter: 'Heere Se mol, des is net alles,*

isch hab' aa noch kalte Fieß, awwer die kenne Se sich net ins Knopploch schtecke!'"

Und dieser Witz ist authentisch? Elsbeth Janda, gewiß die kundigste Interpretin der Mannheimer „Blumepeter"-Witze, zieht sich lächelnd aus der Affäre:

„Es gibt eine Menge Blumepeter-Witze, bei denen man auch ein bißchen zweifeln muß, ob sie wirklich vom Blumepeter stammen. Es gibt so Allerweltswitze, die man auch dem Blumepeter in den Mund gelegt hat. Das kann man ja in einigen Bändchen über ihn nachlesen. Natürlich gibt es auch Dinge, Anekdoten, die könnte der Blumepeter tatsächlich gesagt haben. Zum Beispiel das, was sich auf die Mannheimer Quadrate oder städtische Honoratioren bezieht, Leute, die ja auch mit dem Blumepeter gewissen Kontakt hatten, ihm mal eine Zigarre spendierten, die er sich dann hinter das Ohr gesteckt hat mit dem Spruch 'Die raach isch awwer dehääm!' Solche Sachen. Ich glaube natürlich schon, daß man da ein bißchen unterscheiden und prüfen muß, was kann er gesagt haben und was ist fremd."

Ob Peter Schäfer, der Blumepeter, überhaupt etwas an witzigen Dingen geäußert haben kann? Dr. Hans Dieter Middelhoff, bis 1997 Ärztlicher Direktor des Psychiatrischen Landeskrankenhauses in Wiesloch, hat als einer der ersten Fachleute gezielt die Krankenakten von Peter Schäfer gesichtet:

„Er wird recht schlagfertig gewesen sein, er hatte sicher auch eine gewisse Pfiffigkeit und Bauernschläue, aber intelligent ist er gewiß nicht gewesen, das belegen alle Aufzeichnungen, die wir haben. Er hat auch keine Schule

besucht, er konnte weder lesen noch schreiben, er war stark minderbegabt, aber aus dem Bauch heraus vermochte er offenbar auch recht schlagfertig zu antworten. Er konnte also durchaus Situationen erfassen und auf einen Punkt bringen. Allerdings auf sehr derbe Weise, mehr zotig als intelligent."

Die zeitgenössischen Befunde in den Krankenakten lauten auf Schwachsinn, nach heutigen Kriterien diagnostiziert Dr. Middelhoff:

„*Allem Anschein nach litt Peter Schäfer unter einer wohl schon im Mutterleib erworbenen Unterfunktion der Schilddrüse, gekennzeichnet durch kleinen Wuchs, Anomalien am Knochensystem und eine erhebliche Intelligenzminderung. Durch diese Intelligenzminderung und offenbar auch durch eine fortschreitende Schädigung des Gehirns, die vielerlei Faktoren gehabt haben kann, ist Peter Schäfer in seinem Verhalten dann immer auffälliger geworden, so daß er sicher für die Öffentlichkeit nicht mehr tragbar war.*"

***

Wege zum Ruhm?

Auf dem Standesamt in Plankstadt weisen die Unterlagen aus, daß die ledige Taglöhnerin Barbara Berlinghof am 5. April anno 1875 um halb ein Uhr mittags ein Kind zur Welt gebracht hat. Dem Jungen wird der Name Johann Peter gegeben, der leibliche Vater ist nicht benannt. Erst 23 Jahre später wird in der Urkunde folgende Notiz hinzugefügt:

„Die Eheleute Joseph Schäfer und Barbara, geborene Berlinghof, haben am 3. Mai 1898 das Kind als von ihnen erzeugt anerkannt."

Der geistig und körperlich behinderte Johann Peter Berlinghof heißt fortan also Peter Schäfer. Ob der leibliche Vater des Blumepeter aber tatsächlich Joseph Schäfer gewesen ist? Zu diesem Zeitpunkt im Frühjahr 1898 ist Peters Mutter längst mit Joseph Schäfer verheiratet, die Familie lebt mit den Söhnen Peter und Joseph (geboren am 6.12.1878) und den Töchtern Maria (geboren am 29.1.1884 oder 1886/1887?), Susanne (geboren am 29.1.1888) und Augusta Elisabeth („Else", geboren am 12.3.1892) in Mannheim. Die 44jährige Mutter Barbara ist gerade schwanger, hat zuvor schon zwei Söhne im Kleinkindalter verloren (Max I, geboren am 16.11.1894, gestorben am 8.9.1895; Max II, geboren am 16.1.1896, gestorben am 19.4.1896). Auch dieses Kind, Emilie, das am 4. Dezember 1898 zur Welt kommt, stirbt noch vor Vollendung des ersten Lebensjahres am 7. August 1899. Vater Joseph Schäfer ist 45 Jahre und arbeitet als Maurer in der Industrie- und Handelsstadt Mannheim, die gerade

Das vielleicht früheste Blumepeter-Bild mit Peter Schäfer (um 1905)

Zeiten immensen wirtschaftlichen Wachstums durchlebt. Hohe Säuglingssterblichkeitsrate und häufiger Wohnungswechsel sind signifikant für die unteren sozialen Schichten der Großstadt, zu denen auch die Schäfers zählen: Zwischen 1900 und 1918 verzeichnet die Meldekarte achtzehn verschiedene Wohnungen des Blumepeter und seiner Familie, sämtliche dieser nachweisbaren Wohnquartiere befinden sich in der Mannheimer Unterstadt, dem Arme-Leute-Viertel also. Gegenüber den Mannheimer Behörden hat Joseph Schäfer das behinderte Kind Peter bereits sieben Jahre vor der Plankstadter Aktennotiz von 1898 als leiblichen Sohn legitimiert: Vom 23. März 1891 datiert eine Abmeldebescheinigung des Umzuges der Familie Schäfer von Plankstadt nach Mannheim. Daraus geht hervor, daß der Maurer Joseph Schäfer, geboren am 4.1.1853 in Schwetzingen, mit seiner Ehefrau Barbara, am 20.5.1855 geborene Berlinghof, samt Kindern nach Mannheim verzogen ist. Die Namen der Kinder werden genannt, an erster Stelle Peter Schäfer, geboren am 5. April 1875, reine Formsache, ohne daß dem aufzeichnenden Beamten eine Geburtsurkunde vorgelegt worden zu sein scheint. Aber weshalb wird dann sieben Jahre später auf dem Standesamt der Gemeinde Plankstadt noch einmal ausdrücklich der mittlerweile 23jährige Peter Schäfer als Sohn des Joseph Schäfer legitimiert? Die Vermutung liegt nahe, daß der behinderte Peter endlich irgendetwas arbeiten und Geld hinzuverdienen sollte, wozu diese Legitimierung dann wohl die Voraussetzung gewesen sein könnte. Blumepeter-Kenner Friedrich Teutsch vom Stadtarchiv Mannheim zweifelt allerdings etwas an dieser Erklärung, ergänzt aber:

„Es ist merkwürdig, daß diese legitimierende Ergänzung über Peter Schäfer erst soviele Jahre nach dem Umzug der Familie Schäfer von Plankstadt nach Mannheim erfolgt ist. Zumal die damalige Praxis des Meldewesens im Vergleich zu heutigen Standards wesentlich lockerer gehandhabt worden ist. Aus unseren Unterlagen beim Stadtarchiv Mannheim geht auch hervor, daß Barbara Schäfer, geborene Berlinghof, am 26. Dezember 1910, also im Alter von 55 Jahren ihren Sohn Joseph zur Welt gebracht habe! Denselben Aufzeichnungen zufolge soll der Säugling bereits am 15. Januar 1911 verstorben sein. Vielleicht haben die Schäfers sich dieses Kindes angenommen, um einer schwangeren, aber unverheirateten Frau zu helfen? Wir wissen es natürlich nicht, aber solche Einträge zeigen, daß auch offizielle Aktenvermerke manchmal mit Vorsicht zu genießen sind."

Was wunder also, daß solche dürren Fakten erst recht zu wilden Fiktionen Anlaß geben. Als Peter Schäfer im Frühjahr 1891 mit seinen Eltern von Plankstadt nach Mannheim in eine Wohnung im Städtischen Bauhof im Quadrat U 3,20 zieht, ist der behinderte Bub bereits sechzehn, eine Schule hat er nie besucht, gar nicht besuchen können. Aber selbstverständlich verzeichnet „Das große Blumepeter Buch" Jahrzehnte später über 29 Seiten hinweg Witze und Anekdoten über „Peter als Schulbu". Etwas akkurater kommt anno 1975 ein Zeitungsartikel zum 100. Geburtstag des Blumepeter daher:

„Die ärztliche Diagnose lautete auf milden Schwachsinn, und da es damals noch keine Sonderschulen gab, blieb Peter Schäfer ohne Schulbildung. Er konnte weder lesen noch schreiben, dazu kam ein wachstumsbedingtes Asthma, wodurch seine Sprache ziemlich mühselig klang und böse Buben zur Nachahmung reizte."

Q 3, 15, dritter Stock (mittlere Fensterzeile): Peter Schäfers Wohnquartier von September 1904 bis Oktober 1905

Der Mannheimer Autor Michael Ritter hat vor gut zehn Jahren für seinen Blumepeter-Film „Ein einsamer Mann namens Schäfer“ versucht, etwas genauer über die familiären Verhältnisse zu recherchieren:

„Peter Schäfer saß also wohl in Mannheim zunächst nur zuhause herum, er hatte ja praktisch auch keinen Beruf erlernt. Und dann ist man auf die Idee gekommen, eine Tante einzuspannen, die auf dem Wochenmarkt Blumen verkauft hat. Der Peter bekam ein Körbchen mit Blumen in die Hand gedrückt und wurde von Lokal zu Lokal geschickt, um Sträußchen zu verkaufen. Aber auch hier beginnt schon ein bißchen die Wahrheit auseinanderzugehen, denn angeblich soll Peter auch mit seinem Vater durch die Gaststätten gezogen sein.“

Nach 1898 muß das gewesen sein, Stadtarchivar Friedrich Teutsch datiert den Beginn des Blumenverkäufers Peter Schäfer in etwa auf den September anno 1904, als die Familie Schäfer gerade eine Wohnung im Quadrat Q 3 im 3. Stock von Hausnummer 15 bezogen hatte. Das

Der Stolz des Stadtarchivars: Friedrich Teutsch mit der Original-Meldekarte von Peter Schäfer

Gebäude (das wohl als einziges der Blumepeter-Wohnquartiere trotz der Bombenangriffe des Zweiten Weltkrieges und der Jahre des Wiederaufbaus halbwegs im baulichen Originalzustand erhalten geblieben ist) blieb bis Oktober 1905 Wohnsitz der Schäfers. In dieser Zeitspanne von 1898 bis 1904 ist aus dem geistig und körperlich behinderten Peter Schäfer der in Mannheim stadtbekannte Blumepeter geworden. Paul Kunze, anno 1902 geboren und aus einer renommierten Mannheimer Kürschner-Familie stammend, hat einige persönliche Blumepeter-Episoden geschildert. Kunze war vier Jahre alt, als er den kleinwüchsigen Blumenverkäufer Peter Schäfer zum ersten Mal erlebt hat:

„Der Blumepeter mußte einfach verkaufen, er war von seiner Familie dazu aufgefordert worden und mußte danach handeln. Man konnte den Mann nicht so ernst nehmen, er war geistig etwas angekratzt, wie wir in Mannem sagen. Aber die vielen unschönen Dinge, die man über ihn verbreitet, da bin ich dagegen. Er war leicht zu reizen, war dann aufbrausend, aber wenn er einfach in Ruhe gelassen wurde, dann konnte er durchaus nett zu einem sein. Aber wir wissen ja umgekehrt, wie Kinder und Mannemer sein können: Die haben ihn aufgezogen, Blumepeter hier, Blumepeter dort, und dann konnte der Peter Schäfer schon etwas ausarten. Obendrein konnte man sich mit ihm ohnehin nur schwer unterhalten, der Blumepeter war immer darauf aus, seine Blumen loszuschlagen: ‘Kaaf mer ebbes ab! Kaaf mer ebbes ab!’ Ich erinnere mich noch, wie wir Buben vom Quadrat M 1 eines Tages Gassekrach mit denen von M 4 hatten, auf einmal hieß es halt, am Dienstagabend um sechs Uhr ist Gassekrach, also nichts wie hin und Kräfte gemessen, munter drauflosgeprügelt. So ein Kampf unter Jugendli-

Als feiner Herr im Gasthaus „Landkutsche"

chen halt, und in dem Moment, in dem es am ärgsten zuging, kam ausgerechnet der Blumepeter vorbei. Der ist nämlich immer vom 'Prinz Max' nach M 1 und M 2 gestiefelt. Doch von uns tobenden Buben sieht ihn keiner, auf einmal ist der Peter mittendrin im Kampf, fällt um mit seinem Blumenkörbchen. Und ich merke das und sage zu ihm: 'Mensch Blumepeter, da ist doch Gassekrach, mach das Du rauskommst!' Aber da lag er nun mit seinem Blumenkörbchen, ich habe ihm also aufgeholfen und da bedankt er sich doch und sagt zu mir mit seiner Fistelstimme: 'Du bisch'n kloorer Kerl!' Also für mich war das so, als wäre ich vom Blumepeter geadelt worden."

Paul Kunze ist einer der wenigen Zeitzeugen gewesen, die Peter Schäfer tatsächlich noch persönlich erlebt und seinen Lebensweg nicht nur vom Hörensagen gekannt und mitverfolgt haben:

„Der Blumepeter war ein ganz ruhiger Mensch. Wenn ich als Kind mit meinen Eltern in einer Gastwirtschaft war und der Peter mit seinen Blumensträußchen reinkam, dann bot er die einem richtig brav und anständig an. Aber andererseits konnte man ihn auch ganz schnell reizen, gerade Kinder haben das auch immer mal wieder regelrecht herausgefordert, haben den behinderten, kleinwüchsigen Blumepeter gefrotzelt, verspottet und geärgert. Und dann ist der Peter natürlich etwas frech und ausfällig geworden, was mit der Zeit allerdings immer mehr ausartete."

Mutter Barbara Schäfer ist am 16. Oktober 1917 mit 62 Jahren gestorben, Vater Joseph taucht nach 1925 nicht mehr in den Mannheimer Adreßbüchern auf, ohne daß sich allerdings sein Todestag genau angeben ließe. Peter Schäfer wohnte zuletzt im Quadrat S 6, 8 in einer Hinterhauswohnung im dritten Stock. Das Gebäude ist im Zweiten Weltkrieg ausgebombt und nicht wieder aufgebaut worden. Die Baulücke dient heute als Parkplatz, bietet aber noch einen Blick auf ein benachbartes Hinterhausquartier, das auch Peter Schäfer in diesem Bauzu-

Als klassischer Blumepeter

stand erlebt haben dürfte. Es war die Zeit, als der Blumepeter bei seinem Schwager Heinrich Glatz wohnte, der Peters Schwester Susanne geheiratet hatte. Neben Susanne Glatz, geborene Schäfer, gab es auch noch zwei Mannheimer Bürger, die sich mehr oder minder regelmäßig um den Blumepeter gekümmert zu haben scheinen: Karl Buck, Jahrgang 1878, und Ernst Buck, 1875 geboren, damals als „Gebrüder Buck“ auch in Mannheimer Variétés und bei Fasnachtsveranstaltungen ihres Vereins „Feuerio“ gern gesehene Coupletsänger und Kabarettisten. Zeitgenössische Fotos, die den kleingewachsenen Blumepeter etwa als Schwerathleten oder auch als eleganten Herrn im Frack zeigen, gehen wohl allesamt auf die Buck'schen Bemühungen um Peter Schäfer zurück. Schon vor dem Ersten Weltkrieg sind in Mannheim Ansichtskarten mit diversen Blumepeter-Motiven verkauft worden. Christian Buck, 1927 geborener Sohn von Karl Buck, erinnert sich bestens an die Erzählungen seines 1959 verstorbenen Vaters über Peter Schäfer:

„Der Blumepeter kam öfter in die Bilderrahmenwerkstatt meines Vaters in T 2, Hausnummer 1. Der Peter wohnte damals ja ganz in der Nähe in S 6 und wenn irgendwas zu erledigen war, schaute auch seine Schwester vorbei. So nach dem Motto: 'Herr Buck, der Peter bräuchte mal wieder ein Paar Schuhe oder ein Hemd.' Das Geld dafür kam durchaus vom Peter selbst, der einzige, dem er in finanziellen Dingen wohl traute, scheint mein Vater gewesen zu sein. Wenn der Peter aus seinen Blumenverkäufen eine gewisse Summe erlöst hatte, dann ging er zusammen mit meinem Vater einkaufen. Einen exakten zahlenmäßigen Begriff von Geld und Geldwert hatte der Blumepeter allerdings nicht, er konnte ja weder rechnen noch schreiben. Wenn er seine Blumensträußchen verkaufte, hat er

deshalb seine Hand aufgehalten oder Wechselgeld hingehalten, so mit dem Motto: 'Da, nemm ders raus!' Manche Kunden haben auf Wechselgeld verzichtet, manche haben etwas rausgenommen, aber im Grunde dürfte der Peter einen guten Schnitt gemacht haben. Daß Papiergeld wertvoller ist als Münzgeld, hat der Peter Schäfer übrigens spitzgekriegt, da war er ein klein wenig clever. Seine Geldscheine hat er sorgfältig zusammengefaltet, nahm seine Datschkapp runter und hat die Moneten dort geschickt versteckt. Im Futter seiner Mütze war nämlich eine kleine Naht aufgerissen und aufgetrennt, genau dort hinein hat der Peter dann sein Papiergeld reingeschoben. Das war der Peter Schäfer."

Dieter Preuss, unvergessener und allzu früh verstorbener Journalistenkollege vom „*Mannheimer Morgen*", hatte folgende Episode parat:

„*Zwei Mannheimer Geschäftsleute und große Fasnachter bei der Karnevalsgesellschaft 'Feuerio', die Brüder Buck, nahmen sich des Blumepeters an und verschafften ihm gelegentlich eine kleine Nebeneinnahme. Beide waren nämlich als Vortragskünstler im privaten Kreis und bei geselligen Veranstaltungen geschätzt und bezogen ab und zu den inzwischen populär gewordenen Blumepeter in ihr Programm ein. Wilhelm Unsöld, ein zu jener Zeit bei der 'Schwarzen Kattel', dem katholischen Volksblatt tätiger Berichterstatter, erinnerte sich mit innigem Vergnügen an eine Feuerio-Sitzung im ehemaligen Bernhardushof, jetzt 'Schauburg', etwa um 1910. Da trat Karl Buck, als Blumepeter maskiert, als Ringkämpfer auf und bat einige Herren aus dem Zuschauerraum, mit ihm einen Gang zu wagen. Niemand meldete sich. Da kam aus den Kulissen der echte Blumepeter heraus und sagte eine mühsam gelernte Rolle auf. Die lautete: 'Was, Sie wolle mich markiere, Sie halwi Portion? Ihne zeig ich, wer de Blumepeter is! Ihne schmeiß ich uff de Buckl, Herr Buck, daß Sie's Uffschtehe vergesse!' – Leiser fügte er hinzu, und das gehörte eigentlich nicht zu seinem Text: 'Kall, schmeiß mich nit um, ich muß doch gewinne, dann krieg ich e Hantel vun deim Bruder!' Der Beifall war gewaltig. Schon lange hatte sich der Peter eine Hantel gewünscht, denn er hielt sich für einen Athleten."*

Christian Buck bestätigt die kuriose Geschichte:

„Und die Hantel hat der Peter dann auch tatsächlich bekommen, obwohl er selber ja ein ganz kleiner Kerl war und überhaupt keine Kraft besaß. Dieser spezielle 'Ringkampf' im Bernhardushof, dem sogenannten Katholischen Bahnhof in K 1, blieb allerdings der erste und einzige Auftritt des Blumepeter. Denn er konnte ja gar keinen Text behalten, vielleicht zwei, drei Worte. Aber das wars dann schon. Heute würde man sagen, der Peter Schäfer war ein Depp, ein Kretin."

Franz Schmitt, bekannter Lokaljournalist und wie Christian Bucks Vater Karl ebenfalls ein großer Freund der Mannemer Fasnacht, wußte noch von einer anderen Ringer-Episode des Blumepeter zu berichten: *„Ein Athlet wollte er sein. Er sagte 'Aklet' dazu"*, *heißt es in einem Bericht von Franz Schmitt im „Mannheimer Morgen" vom 6. Oktober 1960. „Im 'Apollo' gab es ziemlich regelmäßig Konkurrenzen der Berufsringer, an denen die Mannemer aller Alters- und Gehaltsklassen heißen Anteil nahmen. Es wurde nur griechisch-römisch gerungen. Publikumsliebling war Heinrich Eberle aus Freiburg, der mit seiner eigenen Truppe reiste und demzufolge unter Garan-*

Vorgeführt als Gewichtheber

Alles Attrappe: „Alla hopp!“

Als Schaukämpfer

tie als Sieger hervorging. Eberle – die Mannemer sprachen seinen Namen 'Ewerlee' aus – war ein sympathischer Ringer und ein schöner Mann. Ganz im Vertrauen, unsere Mütter schwärmten ausnahmslos für ihn. In allen Ehren natürlich. Diesen Heinrich Eberle forderte der kleine Blumepeter eines Tages zum Kampf – und besiegte ihn. Allerdings hat Peter nie erfahren, daß er nicht Eberle auf die Schultern legte, sondern den Dottel Schäfer, der sich einen imposanten Eberle-Schnurrbart aufgeklebt hatte. Peter merkte den frommen Betrug in seinem Eifer nicht, und Dottel war bis zu seinem Lebensende Meister in jeglicher Viecherei. Für seinen Sieg bekam der Peter eine Medaille, die er noch lange mit Stolz trug. Wenn ihn die Buben ärgerten, was öfters vorkam, dann deutete er auf seine Medaille: 'Ihr Bankert, wißt ihr nit, daß ich de Ewerlee gschmisse hab?!' Und prompt stellte sich der Respekt auf der Gegenseite ein ...“

Bei allem Respekt vor Franz Schmitt, so schlagfertig hatte Karl Buck den Blumepeter nicht in Erinnerung. Sohn Christian Buck weiß aus den Erzählungen über Peter Schäfer zu berichten:

„Das Einzige, was der Peter gut konnte, war frech sein. Frech und sehr jähzornig, ja, das war er. Der Peter lebte die letzten Jahre seiner Zeit in Mannheim bei seiner Schwester Susanne und ihrem Ehemann Heinrich Glatz. Sie hat sich wirklich um den behinderten Peter bemüht, aber manchmal ist sie voller Verzweiflung zu meinem Vater gerannt gekommen und hat um Hilfe gebeten, weil sich der Peter so böse und wütend benommen hätte. Einmal hat sie darüber geklagt, als der Peter das Essen in den Kohlekasten feuerte, obwohl sie ihm sogar Schnitzel und Kartoffeln mundgerecht vorgeschnitten hätte. Mein Vater

ging dann mit, stellte den Peter zur Rede und bekam als Erklärung für den Vorfall zur Antwort: 'On demm Schnitzel war kää Soß dro...' Nicht zu vergessen auch Peters Kenntnis von obszönen Ausdrücken. Mein Vater hat mir erzählt, wie er einmal auf dem Mannheimer Marktplatz spazierengegangen ist und den Blumepeter vor einem Schaufenster hat stehen sehen. Der Peter war ganz vertieft in die Geschäftsauslage, Kopf und Körper ganz vornübergebeugt, Hände hinterm Rücken auf dem Buckel verschränkt. Mein Vater schleicht sich an, fix die Hände vor und dem Blumepeter die Augen zugehalten. Der wird fuchsteufelswild, will sich befreien und setzt gerade an, sein Lieblingswort 'A...' zu brüllen, als mein Vater ihm die Sicht wieder freigibt und der wütende Peter gerade noch die verbale Kurve kriegt: `Aaah... Du bischs Kall!' In all den Jahren, in denen mein Vater mit dem Blumepeter zu tun hatte, war das die einzige Geschichte, die es über Peters vermeintliche Schlagfertigkeit zu erzählen gab. Mehr hatte unser Blumepeter nicht drauf, von Spontaneität und Witz keine Spur. Der Peter ist erst nach seinem Tod, nach Ende des Zweiten Weltkriegs groß rausgekommen. Vom 'Feuerio' und vor allem von der Tageszeitung 'Mannheimer Morgen' und der dazugehörigen Verlagsanstalt enorm aufgebauscht, ohne realen Hintergrund: Die Witze sind ihm allesamt angedichtet worden. Und was sind das schon für Witze? Allerweltskram, den man auf jeden übertragen konnte. Und selbst dafür war unser wirklicher Peter Schäfer schlicht und einfach zu dumm."

Was aber auch nicht ausschloß, daß Peter Schäfer in Mannheim nach der Jahrhundertwende zu einer stadtbekannten Figur geworden war. Eine unter vielen merkwürdigen Gestalten, die damals die Straßen der Industriestadt auf skurrile Art und Weise geziert zu haben scheinen.

Für eine Ansichtskarte ans Lenkrad gesetzt

Christian Buck erinnert sich aus den Erzählungen seines Vaters an diese menschliche Menagerie:

„Da gabs den Nasegraf, mit bürgerlichem Namen Philipp Graf. Dessn Riechorgan soll einen Schatten wie der Eiffelturm geworfen haben, nun ja. Der Nasegraf war begeisterter Theatergänger, auch wenn es ihm immer nur zum 'Schpatzeplatz' reichte, also zum vierten Rang unterm Dach des Nationaltheaters. Ganz besonders empört war unser Nasegraf, wenn 'Carmen' gegeben wurde: 'Isch war in de Hure-Carmen!', hat er sich dann bei meinem Vater empört. Dann gabs einen, der hieß Daniel, dem haben sie immer einen Polizeihelm mit Pickelhaube aufgesetzt. Auf die Spitze haben die ihm allerdings immer ein Brötchen

gesteckt und so ist der Daniel dann durch die Mannemer Innenstadt gewetzt. Und wie stolz war er dann! Vom anderen Neckarufer stammte der Schottekarl, dessen Bruder war wohl Korbflechter und von dem hat er einen Stuhl mit geflochtenem Sitz gehabt. Und genau den hat der Schottekarl immer mit sich durch Mannheim geschleppt, was den Mann nicht davon abhielt, auf offener Straße Frauen zu belästigen. Eine gewisse Parallele zum Blumepeter, aber der war schon von seinem Äußeren her bekannter als diese Gestalten. Neben dem Peter Schäfer gabs allerdings auch andere, mindestens ebenso prominente Außenseiter, den Meese Hannes etwa, am 16. Mai 1888 links des Rheins in Oppau geboren, in Mannheim als Tagelöhner beschäftigt, Sackträger und Kohlearbeiter im Hafen, ein humoriger Kauz, über den nicht nur Witze kursierten, sondern ein schräger Vogel, der auch andere mit eigenen Scherzen zu veräppeln wußte. Vielleicht ist er deshalb nicht so zu Nachruhm gekommen wie unser kleinwüchsiger, auffälliger Peter Schäfer. Dem konnte man halt alles andichten, dem Johannes Mees wohl nicht. Im 'Großen Blumepeter Buch' finden sich übrigens selbstredend auch erfundene Stories über 'Peter und Meesehannes'. Eher in Richtung Blumepeter kam wohl der Gillegalle, ein ziemlich großgewachsener Epileptiker, der wegen seiner auffälligen Gangart zur Zielscheibe für irgendwelche Geschichtchen wurde. Und dann gab es in Mannheim auch noch den Finkekarle, ebenfalls recht groß und schlank, ein Tagedieb, der mit einem gewissen handwerklichen Geschick und bisweilen bösartiger Bauernschläue agieren konnte. Der Finkekarle machte Hausbesitzer darauf aufmerksam: 'Heer, do owwe issn Ziggel kaputt unn lodder!' Und Finkekarle erbot sich sogleich an, den defekten Ziegel zu ersetzen, wobei der raffinierte Kerl dazu jedoch einfach einen Ziegel vom benachbarten

Dach nahm ... Zu Weihnachten ist der Finkekarle mal mit der Masche gekommen, er habe ein gut abgerichtetes Frettchen und würde damit Karnickel jagen: 'Gibbsch mer ä Mark, donn kriggsch Du zum Fescht ä schääns Karniggele!' Die Leute, die ihm damals die Mark bezahlt haben, warten heute noch auf ihr Kaninchen. So war der Finkekarle, ein Stromer, der wie der Blumepeter fast Tag für Tag in die Werkstatt meines Vaters kam. Interessanterweise waren der Peter und der Finkekarle einander spinnefeind, sobald einer da war und der andere kam, gab es Streit. Vielleicht witterten die beiden skurrilen Typen ja jeweils den Konkurrenten, wer weiß? Aber kurios, wie das Leben nun mal sein kann, sind sie sich später in der Heil- und Pflegeanstalt Weinheim wiederbegegnet. Der Finkekarle ist allerdings nicht dahingekommen, weil er geistesgestört gewesen wäre, er kränkelte vielmehr und war fast erblindet. Und dort in Weinheim hat er dann den Blumepeter getroffen, der hat ihn dann im Anstaltspark spazierengeführt, richtige Freunde seien sie geworden, hat mein Vater erzählt."

Bis dahin hatte Peter Schäfer als Blumepeter rund zwei Jahrzehnte zu den in Mannheim stadtbekannten Personen gezählt. Schon zu dieser Zeit sind über ihn Geschichten, Anekdoten und Witze erzählt worden. Der verwachsene, grinsende Kerl mit der asthmatisch klingenden Fistelstimme war, ein in jeder Hinsicht auffälliger Zeitgenosse, der mit seinem Spruch „*Kaaf mer ebbes ab!*" durch Mannheims Straßen und Lokale streifte, um seine Blumensträußchen „*for zwanzich Penning*" unter die Leute zu bringen. So einer erregt zwangsläufig Aufmerksamkeit und mag zu Spöttereien und Witzeleien reichen Anlaß geliefert haben. Friedrich August Pietzsch, nach eigenem Bekunden „*ein alter Mannheimer*", hat sich im Gefolge

Ein Original?

des merkwürdigen 'Blumepeter-Revival' der 50er Jahre die Mühe gemacht, auf drei Schreibmaschinenseiten seine persönlichen Erinnerungen an Peter Schäfer festzuhalten und dem Mannheimer Stadtarchiv als Typoskript zu überlassen. Darin heißt es:

„Wir Alten, die wir den Blumepeter noch persönlich erlebten, wissen genau, daß der heutige Rummel um ihn an den Haaren herbeigezogen ist! Wer kann schon eine einwandfreie Definition dieses Geschöpfes geben? War es ein Kretin oder ein Depp, oder gar ein gerissenes Individuum, das verstanden hat, durch seine Verstellung Mitleid zu erregen, um den leichtgläubigen Leuten das Geld besser entlocken zu können? Auf jeden Fall erschien uns Zeitgenossen der wirkliche Blumepeter als sehr harmlos und sehr beschränkt. Alles, was heute über ihn und seine angeblichen Witze gedruckt wird, ist als Fälschung anzusehen. Der Mannheimer Volksmund legte dieser stadtbekannten Figur seine Witze in den Mund, gerade weil man wußte, daß dieser Gnom hierzu nicht fähig war. Das war ja nichts Neues, wir brauchen ja nur an den 'Sanitätsgefreiten Neumann', an 'Bonifazius Kiesewetter' u. a. denken. Es wäre eine Beleidigung für den Mutterwitz der Mannheimer, hätte der Volksmund dieser Stadt nur solche faden Witze, wie wir heute zu lesen bekommen, auf die Beine gebracht. Der Mannheimer war in früheren Zeiten immer sehr derb und saftig; der Typ eines echten Pfälzers, der stets sein Mundwerk auf dem rechten Fleck hatte und keine Antwort schuldig blieb, der den Humor schon mit der Muttermilch in sich gesaugt hatte; auch zuweilen arge Sprüche klopfte, zum Übertreiben neigte, den Mund zu voll nahm und kräftig 'bloote', wie der Mannemer Ausdruck lautete, daher erhielt er den Ehrentitel 'Mannemer Bloomaul'! Wenn die alten Mannheimer alle sogenannten Blumepeter-Witze sammeln und drucken

ließen, so könnte man diese in keinem Laden kaufen, dann würden solche nur unter dem Ladentisch gehandelt werden à la Wirtinverse. In den Jahren 1909 bis 1914 trafen sich ehemalige Realgymnasiasten, die inzwischen Hochschulen bezogen hatten, in den Semesterferien regelmäßig im 'Weinberg' zum Frühschoppen. Hier erschien der Blumepeter und bot Blumen und andere Dienste an. Zu jedem Ulk und Schabernack war man als Student sowieso aufgelegt und es wurde daher mit dem Blumepeter viel Schindluder getrieben. Schon wenn er an unseren Tisch herantrat mit seiner stereotypen Frage: 'Mei Herre, kaafe Se mer ka Blume ab?', wurde von uns gefragt: 'Blumepeter, for wen denn?' Antwort: 'For de Mamme!' Wir: 'Nee, for de Babbe!' Die ominösen Fragen, die von uns an den Blumepeter gestellt wurden, blieben fast immer unbeantwortet; nur ein pfiffiges Schmunzeln ging ab und zu über seine Visage, denn er war sich gewiß, daß er am Ende von uns doch einen Groschen bekam, der seiner Zeit einen Wert von drei Zehntel Glas Bier oder drei Eiern hatte. Ab und zu wurden dem Blumepeter auch Blumen abgekauft und er wurde beauftragt, sie dieser oder jener Dame im Lokal zu überreichen, wofür er noch besonders belohnt wurde. Gerne verrichtete er solche Liebesdienste; seine Spezialität bestand im Überbringen von Briefchen an im Lokal allein sitzende Damen, wofür er regelmäßig einen Groschen einheimste. Sehr oft beugte er sich zu uns herunter und flüsterte: 'Sie, do driwwe hockt ääne' und machte eine entsprechende Fingerfigur mit einem echten Mannemer Wort begleitend. Naja, wir musterten diese Dame dann und konnten nur feststellen, daß sie wohl aus dem Dirnenmilieu stammen könnte. Also wurde ein Zettel geschrieben mit Bestellung auf soundsoviel Uhr an der Uhr am Wasserturm. Blumepeter kassierte und brachte den Zettel der Dame. Entweder kam er zurück mit dem Zettel, worauf etwa stand: 'abgemacht' oder er

Und noch einmal in Pose im Anzug

erklärte, das Fräulein wolle 'nix vun selle Buwe wisse', worauf Blumepeter darüber aufgeklärt wurde, daß wir 'Herre' seien. Die Nachbarschaft nahm natürlich regen Anteil an solchen Vorgängen; es war für sie stets eine Gaudi. Unsere Bemühungen, dem Blumepeter einen Witz zu entlocken, blieben trotz guter Angebote erfolglos, weil er einfach dazu unfähig war; aber wir wollten doch gerne einen Blumepeterwitz aus seinem eigenen Munde hören, weil schon damals sogenannte Blumepeterwitze kursierten; alles war vergeblich. Eines Sonntags erschien unser Kaalche mit seinem Boxel zum Frühschoppen. Der Boxel war ein gutmütiger Boxerhund, der noch niemandem etwas zu Leide getan hatte; nur Schäferhunde und Dobermänner konnte er nicht ausstehen; wenn er diese von weitem sah, sträubten sich seine Rückenhaare, fletschte er die Zähne und knurrte grimmig. Wir hatten mitten im Lokal einen gerade freiwerdenden Tisch ergattert, unser Boxel mußte wie immer unter dem Tisch Platz nehmen und schlief dann gewöhnlich ein. Bei der lebhaften Unterhaltung hatten wir gar nicht bemerkt, daß der Blumepeter ins Lokal gekommen war. Auf einmal springt unser Boxel auf, knurrt wahnsinnig und fletscht die Zähne und will den noch mehrere Tische entfernten Blumepeter anspringen; zum Glück konnte sein Herrchen ihn noch am Halsband fassen und zurückhalten, denn sonst, wer weiß, was dem Blumepeter passiert wäre? Der Blumepeter, durch das Knurren des Hundes auf die Gefahr aufmerksam geworden, bekam es mit der Angst zu tun und verließ schleunigst das Lokal. Der Boxel aber beruhigte sich erst wieder, als der Blumepeter die Türe hinter sich zugemacht hatte. Wir konnten gar nicht fassen, daß unser braver Boxel so außer Rand und Band angesichts des Blumepeter kam. Es war das erste Mal, daß er einen Menschen anfiel; später hat er es auch nie wieder getan. Hat sein Instinkt diesen Blumepeter nicht als Mensch angesehen?

Auch später hat er sich wie ein wildes Tier gebärdet, wenn der Blumepeter das Lokal betrat. Aber er wurde dann stets an die Leine genommen und der Blumepeter ging in einem großen Bogen um unseren Tisch herum ...“

Es sollten sich in Deutschland bald einige Herrenmenschen finden, die Behinderte wie den Blumepeter tatsächlich nicht als Menschen akzeptierten, sondern als „lebensunwert“ klassifizierten. Es beginnen die Jahre, in denen das Mannheimer Original für den Rest seines Lebens in der Psychiatrie untergebracht wird. Etwa zwei Jahrzehnte lang mag es zuvor dem gnomenhaften, grinsenden Blu-

S 6, 8, heute eine Baulücke: Anno 1919 die letzte Mannheimer Wohnadresse von Peter Schäfer, der Blick auf das Hinterhaus dürfte noch so authentisch wie damals sein ...

menverkäufer gelungen sein, seine geistigen wie körperlichen Defizite halbwegs zu kompensieren. Peter Schäfer hat sich zum Mannheimer Stadtclown emporgearbeitet – oder mag vielmehr dazu gemacht worden sein, etwa mit all den gestellten Auftritten als Ringer, Boxer, Gewichtheber und Artist, als kühner Autofahrer oder als befrackter Herr von Welt. Doch dann scheint dieser behinderte Mensch Peter Schäfer immer öfter aus seiner Rolle gefallen und zum öffentlichen Ärgernis geworden zu sein. Der Blumepeter begann Passanten anzupöbeln, die nichts bei ihm kaufen wollten, war allzu häufig betrunken, wurde vielleicht auch von böswilligen Zeitgenossen bewußt mit Alkohol abgefüllt, reagierte auf alle Fälle handgreiflich-aggressiv und wurde schließlich mit obszönen Auftritten als Exhibtionist der Öffentlichkeit in Mannheim allmählich lästig. Die Familie Schäfer schien das Verhalten des Blumepeter nicht mehr unter Kontrolle bekommen zu können, jedenfalls reagierten am Ende die Mannheimer Behörden: Am 10. Dezember 1919 wurde der inzwischen 44jährige Peter Schäfer in das Kreispflegeheim Weinheim eingewiesen.

* * *

In der Psychiatrie

Das letzte Drittel seines merkwürdigen Lebens wird Peter Schäfer hinter Anstaltsmauern verbringen. Die Stationen heißen Weinheim und Wiesloch. Zeitzeuge Paul Kunze erinnert sich an den Blumepeter in den Jahren unmittelbar nach Ende des Ersten Weltkrieges:

„Als der Blumepeter in Weinheim untergebracht war, habe ich ihn einmal besucht. Ich erinnere mich, daß er natürlich geistig und körperlich etwas schlechter beisammen war. Aber immerhin ist er zu dieser Zeit in der Kreispflegeanstalt nicht ganz so bösartig gewesen. Er war in Weinheim sicher sehr gut untergebracht, von der Stadt Mannheim war alle vier bis sechs Wochen ein Stadtrat dort, der wohl eine Art amtlich bestellter Vormund für den Peter gewesen sein muß."

Nicht die Angehörigen seiner Familie, sondern die „Öffentliche Armenpflege" – also das Mannheimer Fürsorgeamt – betreute Peter Schäfer. Der Wirt des „Weißen Elefanten" soll sich in den zwanziger Jahren für eine Rückkehr des Blumepeter nach Mannheim eingesetzt haben, wohl um sich im wahrsten Sinne des Wortes eine „Lokalattraktion" zu sichern. Die Rede ist auch davon, daß Peter Schäfer einmal aus dem Pflegeheim ausgerückt und dann bei seinem Gönner Karl Buck aufgetaucht sei, was schon Christian Buck bestätigt:

„Der Peter ist tatsächlich einmal aus der Weinheimer Anstalt abgehauen und fuhr gleich mit der OEG nach Mannheim runter. Der erste Weg von der Straßenbahn-

haltestelle muß ihn dann sofort zu meinem Vater geführt haben: 'Ja Peter, wo kommsch Du denn her?! Des geht doch net, Du musch doch in Weinheim bleiwwe! Die hawwe Disch doch net entlassen?', hat er ihn gefragt. 'Nä, isch bin abgehaue, isch hab' Häamweh g'habt, wollt' nach Mannem.' – 'Du hasch awwer doch kää Geld g'habt für die Straßebahn?' – 'Ja, awwer isch hab' zum Schaffner g'sagt, isch bin der Blumepeter unn will nach Mannem. Unn do hatter misch fer umme fahre lasse.'"

Das mag vielleicht die letzte, halbwegs heitere Episode im Anstaltsleben des Peter Schäfer gewesen sein. Insgesamt zehn Jahre blieb der Blumepeter im Kreispflegeheim Weinheim, doch seine Krankenakte scheint sich bedauerlicherweise nicht erhalten zu haben (oder ist möglicherweise sogar einige Jahre nach 1945 in der Wieslocher Pflegeanstalt abhanden gekommen?!). Erst aus der Zeit, als Peter Schäfer von Weinheim aus in die Psychiatrie nach Wiesloch verbracht wird, finden sich heute noch Aufzeichnungen. Das erste entsprechende „ärztliche Zeugnis für die Aufnahme in eine öffentliche oder private Irrenanstalt", datiert sinnigerweise vom 11. November 1929, dem Tag also, an dem auch in Mannheim die neue Fasnachtskampagne beginnt... Lapidar heißt es da:

„Schäfer ist Cretin. Zwergwuchs. Hat keine Schule besucht. In Mannheim brachte er sich mit Blumenverkauf durch, er war dort eine sehr bekannte Persönlichkeit, mit der viel Ulk getrieben wurde. Schließlich artete die Sache aus, Schäfer erregte Ärgernis (Exhibitionismus etc.), so daß er am 16.12.1919 in die Kreispflegeanstalt Weinheim aufgenommen wurde."

Peter Schäfer in der Wieslocher Psychiatrie (um 1929)

Acht Tage später, am 19. November 1929, wird das frühere Maskottchen einiger Gönner des Mannheimer Karnevalvereins „Feuerio" in die Heil- und Pflegeanstalt Wiesloch überstellt. Auf dem dazugehörigen Formular wird hinter dem Namen Peter Schäfer in Klammern „Blumenpeter" hinzugefügt und obendrein mit Ausrufezeichen versehen. Der Patient ist immer noch eine lokale Berühmtheit, über seine Ankunft in Wiesloch gibt es diesen Bericht:

„19.11.1929: Der Patient wird in Begleitung eines Pflegers aus der Kreispflegeanstalt Weinheim gebracht als Austauschpatient. Er ist vollkommen ängstlich verstimmt, mißtrauisch, paranoid gegen alle Handlungen des Arztes und des Pflegers eingestellt. Soll während der Fahrt laut gejammert und ständig geweint haben, auch jetzt weint er dauernd. Sprache verschwommen, unverständlich, nasal, näselnd. Seinen Namen gibt er richtig an, sagt, er sei in Plankstadt geboren, 54 Jahre alt. Das Geburtsdatum kann er aber nicht angeben. Er möchte gern zu seinem Freund nach Mannheim zurück. Näheres ist von dem Patienten nicht zu erfahren. Wegen dauernder Unruhe nach U 2."

Über die Bedingungen in der Wieslocher Psychiatrie, über damalige Arbeitstherapien oder die gemeinsame Unterbringung der Patienten in Massenschlafsälen ist in der Krankenakte des Peter Schäfer nichts zu erfahren. Aus anderen Quellen wissen wir allerdings, daß in der Wieslocher Anstalt mit ihren damals über 1600 Betten eine nach zeitgenössischen Maßstäben überaus fortschrittliche Sozialpsychiatrie betrieben wurde, die zu Zeiten der Weimarer Republik Impulse für die gesamte medizinische Fachwelt gab. Zwei Drittel aller Wieslocher Patienten durchliefen therapeutisch-rehabilitativ orientierte Arbeitsmaßnahmen, was in vielen Fällen aber auch nichts anderes als Roßhaarzupfen für die Matratzenproduktion heißen konnte. Wie es Peter Schäfer dort in Wiesloch erging, schildert zwei Monate später der zweite Vermerk in der Blumenpeter-Krankenakte. Diese unter dem Datum des 16. Januar 1930 verzeichneten ärztlichen Befunde und Beschreibungen sind das ausführlichste authentische Zeugnis, das sich über Peter Schäfer erhalten hat:

„Hieße der Blumenpeter, sagt er äußerst freundlich. Der Doktor sei der Anführer gewesen, der habe ihn nach Weinheim gebracht, er wisse warum. Auf Frage nach Exhibitionismus wird er erregt und sagt: Er sei anständig, wisse, was sich gehört. In Weinheim habe er geweint, doch hier gefalle es ihm besser, hier bleibe er immer. Lacht dann, er hätte gutes Essen, hier ist es schön. In Weinheim sei die Behandlung und das Essen schlecht. Will jetzt unbedingt eine Frau haben, er sei ja nicht dumm, jemanden gefunden habe er auch schon. Es wäre das M(äd)chen und wohne gerade gegenüber. Versteift sich dann darauf, daß er sie unbedingt haben wolle, der andere Doktor habe es ihm versprochen und man dürfte die Leute doch nicht anlügen. Er würde Ref(erenten) schon einladen, damit er sehe, wie er seine Frau ernähre. Will Schwergewichtler werden, um s(eine) Frau zu ernähren. Sei jetzt 54 Jahre, voriges Jahr sei er 42 Jahre gewesen. 2 x 5 = 7, Rechnen Null. 1 bis 10 zählen, ziemliches Durcheinander. Reichspräsident? Ja, wenn ichs behalten könnte. Ich muß mal hinschreiben. Hindenburg: General, habe in Mannheim gelebt, hätte viel Geld. Örtlich: Wiesloch liegt dahin – ha da. Zeitlich: Null. Onaniert sehr viel, meint, daß man es doch müsse. Ob er schon irgendwie Geschlechtsverkehr gehabt habe, ist nicht mit Sicherheit zu erfahren. Er renommiert

damit, daß ihn die Studenten manchmal zu Mädchen mitgenommen hätten und daß er es da gemacht habe. Sprache unbeholfen, teilweise kaum verständlich. Status Körper: Zwergwuchs. Verhältnismäßig großer Kopf mit vielen tiefen Hautfalten. Große henkelförmige Ohren. Pupillen reagieren auf Licht und Bewegung. Innere Organe ohne Befund, nur über der Lunge diffuse, leichte Bronchitis. Reflexe sind gesteigert, keine pathologischen Reflexe."

Damit scheint alles Wesentliche erfaßt, Hoffnung auf Heilung des schwachsinnigen Patienten Peter Schäfer gibt es nicht, die Einträge in der Krankenakte des „Blumepeter" werden in der Folgezeit immer kürzer:

„*Februar 1930. Wechselnd zwischen freundlich-kindlichem Anschmiegen und ängstlichem Verkriechen. – 20. Februar. Seit gestern in der Sattlerei Fabig, Roßhaarzupfen. Verhalten zufriedenstellend. – April/Mai. Sitzt auf der Abteilung rum, zeigt bei Visite oft Zettel vor. 'Du lieber Doktor, du lesen'. Mit von anderen ihm aufgeschriebenen Wünschen. Oft ängstliche Erregungen mit lautem Losheulen. 'Die Lina will mich nimmer.' 'Hab Angst, lieber Doktor.' Verkriecht sich jedesmal, wenn er den Pflegeinspektor S. sieht. 'Des da, der mit dem Bart – der da – hab' Angst!' Zeitweise so laut, daß Bettbehandlung, wobei er ruhig ist. – Juni bis Dezember 1930. Nichts Neues.*"

Für das Jahr 1931 finden sich nur noch drei Einträge, wobei wieder „mehrfache Bettbehandlung" erwähnt wird, also das Festschnallen des Patienten Peter Schäfer an sein Bett:

Beim Spaziergang auf dem Anstaltsgelände (1936)

„Januar/Februar. Weiter so. Bald kindlich zutraulich, anschmiegend, bald stürmisches Losbrüllen, Heulszenen, dabei ängstlich, beschuldigt einzelne Patienten oder Pfleger in unverständlicher Weise; nachts öfter störend, geht an andere Betten ...“

Die Rede ist von einem mittlerweile 56jährigen Behinderten, der den Rest seines Lebens in der Psychiatrie verbringen wird. Peter Schäfer, der Blumepeter – ein Fall, der medizinisch nicht weiter interessiert. Für 1932 findet sich nur noch eine einzige Notiz vom Januar/Februar:

„Unverändert, oft verstimmt, Heulausbrüche, schimpft mit üblen Ausdrücken ohne ersichtlichen Grund. Nachts oft störend. Weiter so.“

Und dann schreiben wir das Jahr 1933, auch in der Heil- und Pflegeanstalt Wiesloch gibt es personelle Konsequenzen. Die NS-Psychiatrie hält Einzug. Ihr führender Wegbereiter lehrt seit Ende 1933 in nächster Nähe an der Universität Heidelberg: Carl Schneider, Leiter des Rassepolitischen Amtes der NSDAP und Professor für Psychiatrie. Seine Maxime lautet:

„Der Kranke, der Abnorme, ist dieser lebendigen Betätigung der Gesinnungsgemeinschaft nicht fähig. Er kann daher in den Staat nicht eingegliedert werden.“

Schneider gehört zu den Ärzten, die unter der Tarnbezeichnung „T4“ den Geheimerlaß Hitlers vom Oktober 1939, die planmäßige Ermordung von Behinderten mittels einer großangelegten Euthanasie-Aktion organisieren und durchführen werden. Ab Januar 1940 wird in Grafeneck auf der Schwäbischen Alb die erste Mordanstalt betriebsbereit sein. Zuvor schon hat der Heidelberger NS-Psychiater die „negative Eugenik“ propagiert: Kastration, Sterilisierung oder Eheverbot für Erbkranke. Wie andere Anstalten auch, erhält Wiesloch einen linientreuen neuen Chef, Direktor Wilhelm Möckel. Ab 1933 werden die Pflegesätze drastisch reduziert, in den Anstalten selbst wird eisern an Personal, Verpflegung und Medikamenten gespart. Wie in allen Anstalten Badens wird auch in Wiesloch das 1934 in Kraft getretene Zwangssterilisationsgesetz rigoros umgesetzt. Im Zeitraum bis 1942 müssen sich insgesamt 718 Wieslocher Patienten dem Eingriff in umliegenden Krankenhäusern unterziehen. Über 1300 Patienten der Heil- und Pflegeanstalt Wiesloch werden zwischen 1940 und 1945 systematisch getötet, das ist weit über die Hälfte aller Insassen. Neben gezielter Ermordung in Vernichtungslagern gibt es zudem zahlenmäßig nicht mehr exakt zu ermittelnde Tötungen von Behinderten durch Zwangsarbeit, Nahrungs- und Hygienemangel. Und am Ende schreckt man in Wiesloch auch vor Menschenversuchen nicht zurück. Professor Carl Schneider höchstpersönlich führt in seiner berüchtigten „Forschungsabteilung“ von Dezember 1942 bis März 1943 Experimente und Eingriffe an 34 Behinderten durch. Seine Opfer werden danach überwiegend extern auf Bestellung getötet. Das sind die Bedingungen und Entwicklungen, unter denen Peter Schäfer, unser Blumepeter, seine letzten Lebensjahre in der Wieslocher Anstalt verbringt. Zustände, von denen in den Krankenunterlagen freilich nichts zu lesen ist. Die handschriftlichen Einträge und Bemerkungen in Peter Schäfers Krankenakte sind von lakonischer Kürze gekennzeichnet.

„Mai/Juni 1933. Unverändert, häufig weinerlich verstimmt, Heulausbrüche, schreit, schimpft viel. Nachts in letzter Zeit ruhiger."

Erst ein Jahr später folgt der nächste Eintrag:

„Juni 1934. Keine Änderung. Bald weinerlich verstimmt, mit Weinausbrüchen, bald euphorisch ausgelassen."

Vier Monate zuvor ist auch das endgültige Verdikt über die weitere Zukunft von Peter Schäfer gefallen. Auf einem Formblatt zur „Ausführung des Gesetzes zur Verhütung erbkranken Nachwuchses" heißt es mit Datum und Stempel vom 19. Februar 1934:

„Der ledige Blumenverkäufer Schäfer, Peter, geboren am 5. April 1875 in Plankstadt, Kreis/Amt Mannheim, derzeitiger Aufenthaltsort Heil- und Pflegeanstalt Wiesloch, wohnhaft in Mannheim, zuletzt Kreispflegeanstalt Weinheim, leidet an angeborenem Schwachsinn."

Diesem handschriftlichen Vermerk wird von unbekannter Hand per Schreibmaschine hinzugefügt:

„Der Obige ist erbkrank und wird dauernd in der Anstalt verbleiben."

Dank dieses Zusatzes ist dem Blumepeter die Zwangssterilisation erspart geblieben. Dr. Hans Dieter Middelhoff, bis 1997 langjähriger Leiter des Psychiatrischen Landeskrankenhauses Wiesloch, schließt daraus sogar, daß Peter Schäfers relativ hoher Bekanntheitsgrad auch Schutz vor den Nachstellungen der NS-Psychiatrie geboten haben muß:

„Ich glaube ja, denn er war immerhin eine regional bekannte Persönlichkeit und diese Legendenbildung um ihn herum hat ihn sicher geschützt. Ich habe keinen Zweifel, daß er von den Wärtern eher gehätschelt worden ist, daß er mehr Nahrung bekommen hat als viele andere Insassen, die mit regelrechten Hungerkuren traktiert wurden. Viele Wieslocher Patienten sind sogar durch Hunger zu Tode gekommen, das ist beim Blumepeter sicherlich nicht zugetroffen. Peter Schäfer ist weder als erbkrank klassifiziert noch sterilisiert worden. Er ist wahrscheinlich auch nicht erfaßt und von Euthanasie bedroht worden, möglicherweise weil sich die damaligen Machthaber vor Beunruhigung in der Bevölkerung gefürchtet haben."

In den Wieslocher Krankenunterlagen finden sich einige Hinweise darauf, daß der Blumepeter auch nach fast zwei Jahrzehnten in der Psychiatrie noch längst nicht in Vergessenheit geraten war. Am 16. Oktober 1937 wollte der Mannheimer Buchhändler und Antiquar Friedrich Otto dem Patienten Peter Schäfer einen Besuch abstatten – vielleicht mit Blick auf einen Bericht für die Zeitung oder der Veröffentlichung von Blumepeter-Anekdoten? Angaben darüber liegen in den Akten freilich nicht vor, nur die lakonisch kurze Antwort der Wieslocher Anstaltsleitung, die den Besuch untersagt. Über anderthalb Jahre später wendet sich die Mannheimer Außenstelle des „Reichssenders Stuttgart" an das Städtische Fürsorgeamt Mannheim, die Behörde also, die für die Versorgung des Wieslocher Patienten Peter Schäfer verantwortlich ist. Man will mit dem Blumepeter eine Tonbandaufzeichnung produzieren, doch das Mannheimer Fürsorgeamt lehnt sogleich ab. In einem Schreiben an den Direktor der Wieslocher Anstalt teilt die Behörde dazu am 5. Juli 1939 mit:

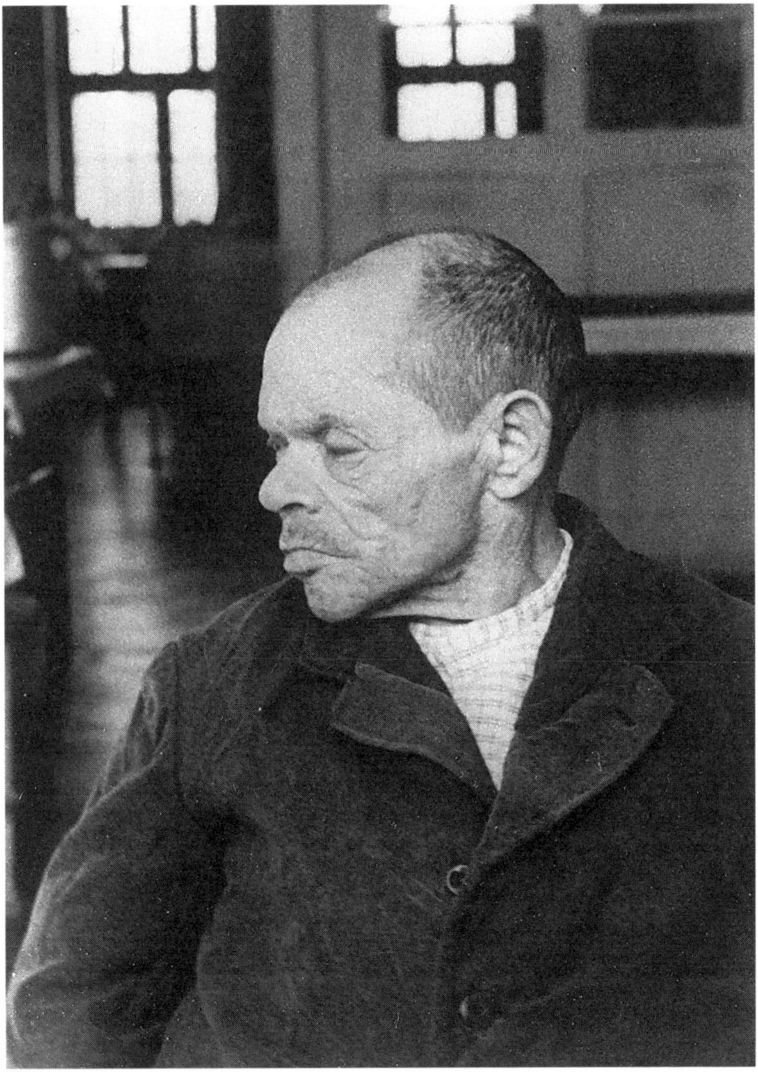

Eines der letzten Porträtfotos (Frühjahr 1940)

„Peter Schäfer leidet (...) an Seelenstörungen und bedarf bis auf weiteres der Anstaltsbehandlung. Wir sind daher der Auffassung, daß es nicht verantwortet werden kann, den Pflegling zur Rundfunkaufnahme vorübergehend freizugeben. Unter diesen Umständen haben wir davon abgesehen, an die Schwester Schäfers wegen dieser Sache heranzutreten."

War das nun ein Akt fürsorglichen Schutzes eines behinderten Menschen vor neugierigen Nachstellungen? Die Bilder, die den Peter Schäfer der letzten Lebensjahre zeigen, scheinen dies belegen zu können. Aus dem pfiffigen kleinen Kerlchen im Anzug, der zu Beginn des Jahrhunderts mit Veilchenstrauß und Blumenkörbchen posierte und heiter in die Kameralinse grinste, ist ein dumpf dahinbrütender Mensch mit stierem Blick geworden. Was aber keineswegs ausschließt, daß der behinderte Peter Schäfer für Pfleger und Ärzte auch in diesem Zustand ein prominentes Maskottchen gewesen sein muß. Offizielle Besucheranfragen werden zwar abgelehnt, aber es gibt Gerüchte und Berichte, wie der Blumepeter privaten Gästen – wohl auch gegen Geld – regelrecht vorgeführt worden ist. Der unvergessene Mannheimer Journalist und Blumepeter-Kenner Dieter Preuss erzählte sogar von einem Foto, das Peter Schäfer umringt von einem SA-Sturmtrupp zeigen soll:

„Das ist so seine letzte Station und das Bild hat mir Angst gemacht. Ein Foto in Chamoix und Kleinformat und da steht auf einer Treppe im Wieslocher Landeskrankenhaus etwas gnomenartig der Blumepeter und um ihn herum gruppiert die Herrenmenschen. Ein Sturm der SA, die Fäuste in die Seite gestemmt, über das ganze Gesicht grinsend. Da wurde der Peter Schäfer, der Blumepeter, in einer ganz fiesen Weise benutzt."

Trotz Recherchen bei der Witwe von Dieter Preuss, beim „*Mannheimer Morgen*“, beim Stadtarchiv Mannheim und bei anderen Adressen ist es uns leider nicht gelungen, dieses Foto zu finden. Womit nicht gesagt ist, daß es dieses Bild nicht gegeben hat. Dieter Preuss war ein seriöser Journalist, der wußte, wovon er sprach und schrieb. Der schon zu Lebzeiten Peter Schäfers fragwürdige Blumepeter-Ruhm mag in der Wieslocher Anstalt nicht nur Schutz geboten haben. Im Lauf der Zeit scheint der Patient Schäfer seinen Ärzten und Pflegern nur noch lästig gewesen zu sein. Jedenfalls bieten die mageren medizinischen Beurteilungen aus den letzten Lebensjahren auch dafür Interpretationsspielraum. Die kurzen Notizen sind von mindestens fünf verschiedenen Personen verfaßt worden. Ob da nicht der jeweils schreibende und behandelnde Arzt nicht allzu schnell das Interesse an dem prominenten Patienten verloren haben mag? Am 26. Januar 1936 heißt es in Peter Schäfers Krankenakte noch:

„Keine wesentliche Veränderung. Zeitweise ausgesprochen mißgestimmt, mürrisch, unzufrieden. Primitive Unlustgefühle ohne eigentliche Inhalte. Bisweilen auch ängstlich, klammert sich hilfesuchend an die Hand des Arztes. Nach Pflegebericht bisweilen deutlich homosexuelle Tendenzen, sucht sich zu anderen entsprechend gerichteten Kranken ins Bett zu legen etc. Ab und zu auch ausfällig und in derben Ausdrücken schimpfend. Im Ganzen jedoch ruhig, freundlich, macht Diener etc.“

Der nächste Vermerk datiert vom August 1936, mithin aus der Zeit, in der zwei Fotos auf dem Wieslocher Anstaltsgelände gefertigt und der Krankenakte unter dem sinnigerweise falsch geschriebenen Vermerk „Originial (sic) Blumenpeter!“ beigegeben wurden:

„Unterliegt häufig starkem Stimmungswechsel, äußert die verschiedensten unsinnigen Wünsche, gelegentlich lärmt er heftig, liegt dann wieder zeitenweise im Bett, ohne von seiner Umgebung Notiz zu nehmen. Immer wieder Versuche homosexueller Betätigung."

Wieder vergeht ein halbes Jahr bis zum nächsten Eintrag:

„März 1937. Im ganzen ordentlich, dauernder Wechsel von Euphorie und Depression. Körperlich macht sich das Alter in zunehmendem Maße bemerkbar. Im Depressionszustand rasche Erregbarkeit und manchmal heftige Wutausbrüche."

Erst ein Jahr später folgt der nächste Vermerk über den mittlerweile fast 63jährigen Peter Schäfer, der auf Station E untergebracht ist, der Abteilung für die älteren, auffällig verhaltensgestörten Patienten der Wieslocher Psychiatrie:

„24. März 1938. Ruhig, euphorisch, gibt dem Abteilungsarzt bei jeder Visite beschriebene Zettel. Werden diese nicht angenommen, so kommt er gewaltig ins Schimpfen und Brüllen. Sexuell sehr aktiv. Stimmungswandel sehr häufig."

Drei Monate später heißt es:

„Juni 1938. Wenig Änderung. In letzter Zeit wieder häufiger homosexuelle Attacken nachts auf Mitpatienten. Nimmt dann zum Beispiel auch den Penis eines Patienten in den Mund. Ist dann am nächsten Tag verlegen!"

Und nach weiteren drei Monaten steht zu lesen:

„September 1938. 'Blumenpeter' ist sexuell aggressiv, steigt nachts zu anderen ins Bett. Sonst harmlos, blöde."

Von derselben Hand folgt ein Vierteljahr später die nächste Notiz:
„Dezember 1938. Infolge wiederholter sexueller Delikte – homosexuelle Onanie, oft per os – wurde Schäfer etwas strenger angefaßt. Die Wirkung zeigt sich darin, daß er sich ganz still verhält."

Und jener Mediziner mit dem Kürzel 'GE' verfaßt für das gesamte Jahr 1939 auch den einzigen Eintrag in der Patientenakte von Peter Schäfer:

„Mai 1939. Tendiert zu aktiver und passiver gleichgeschlechtlicher Betätigung, schreit und rülpst dauernd, auch nachts. Nahrungsaufnahme in letzter Zeit sehr schlecht."

Dr. Hans Dieter Middelhoff kommentiert die letzten Einträge in der Krankenakte folgendermaßen:

„Ab Mai 1939 hat sich das Befinden des Blumenpeter verschlechtert. Er hat auch nicht mehr genügend Nahrung aufgenommen, so daß eine zunehmende Hinfälligkeit eintrat. Im Mai 1940 wurden dann, so heißt es in der Krankenakte, Zeichen von Herzmuskelschwäche und Kurzatmigkeit vermerkt. Am 12.6.1940 folgt der vorletzte Eintrag, die letzte Notiz datiert vom Todestag, dem 15.6.1940."

Als Patient vorgeführt und klassifiziert:
„Status Körper: Zwergwuchs. Verhältnismäßig großer Kopf mit vielen tiefen Hautfalten. Große thekelförmige Ohren.“

Für das erste Halbjahr 1940, die letzten sechs Monate im Leben des Peter Schäfer, finden sich in der Krankenakte immerhin fünf verschiedene Einträge, die alle von ein- und demselben Verfasser handschriftlich notiert wurden. In diesem Zeitraum sind auch noch die letzten beiden Fotos des Patienten Peter Schäfer aufgenommen worden. Schäfer sei *„unruhig, unzufrieden und quengelig wie ein kleines Kind"*, steht in dem Eintrag vom März 1940 zu lesen, während die nächste Notiz vom Mai 1940 über Peter Schäfer vermerkt: *„liegt meist unwillig still (...) im Bett"*. Im März 1940 berichten die Vermerke vom *„schlechten Allgemeinzustand"* des Patienten, im Mai 1940 ist erstmals von *„Zeichen von Herzschwäche"* zu lesen, am 12. Juni 1940 wird Peter Schäfers Verfassung als *„sehr schlecht"* beschrieben, der Puls sei unregelmäßig, die Atmung vermindert, regelrecht brodelnd. Am 15. Juni ist Peter Schäfer tot, *„kam heute mittag infolge Herzmuskelschwäche zum exitus"*. Die Todesstunde wird mit 13.00 Uhr angegeben, als Todesursache finden sich auch noch die Vermerke *„Kretinismus"* und *„Herzschwäche"*. Peter Schäfer, der Blumepeter, der ein Jahrzehnt später auf merkwürdige Weise zum Symbol für Mannheimer Wortwitz und Schlagfertigkeit werden soll, scheint also nicht Opfer des NS-Euthanasieprogramms geworden zu sein, urteilt Dr. Hans Dieter Middelhoff aufgrund der Aktenlage:

„In Peter Schäfers Todesjahr 1940 fielen tatsächlich die großen 'T4'-Transporte. Damals sind mindestens 770 Patienten der Wieslocher Anstalt in Vernichtungsanstalten, insbesondere in das württembergische Grafeneck, transportiert worden. Etwa einen Monat vor Peter Schäfers Tod ist ein größerer Transport mit 61 Patienten von Wiesloch nach Grafeneck geschehen, und nur fünf Tage

nach dem Ableben des Blumepeter sind 75 Wieslocher Patienten nach Grafeneck abtransportiert worden. Aber der Blumepeter war mit Sicherheit nicht dabei, er ist zwischen diesen beiden genannten 'T4'-Aktionen gestorben. Für einen Transport wird er ohnehin schon zu hinfällig gewesen sein. Der erste Transport aus Wiesloch war am 29. Februar 1940 erfolgt, schon damals wird Peter Schäfer gesundheitlich so angeschlagen gewesen sein, daß er den Transport nach Grafeneck körperlich gar nicht überstanden hätte. Ich bin daher der Überzeugung, der Blumenpeter ist verschont worden, der Euthanasie ist Peter Schäfer nicht zum Opfer gefallen."

Überspitzt ließe sich allerdings auch formulieren: Der Mannemer Blumepeter ist gerade noch rechtzeitig an Herzschwäche gestorben, ehe er Opfer des NS-Euthanasieprogramms hätte werden können. Oder hätte ihn bei besserer gesundheitlicher Verfassung wirklich der bemerkenswerte Ruf, auch als Behinderter eine gewisse lokale Bekanntheit zu genießen, tatsächlich vor Abtransport und Ermordung bewahren können? Die beliebte Frage des „Was-wäre-gewesen-wenn?" läßt sich stellen, aber nicht beantworten. Wenn wir uns an die Krankenakte des Blumepeter halten, also auf die einzigen noch verfügbaren Dokumente beziehen, bleibt weiter zu erwähnen, daß dem Leichnam Peter Schäfers noch am Nachmittag des 15. Juni 1940 das Gehirn entnommen und in Phenol (Formol?) eingelegt wurde. Über etwaige Untersuchungen und den Verbleib des Präparates finden sich in den vorhandenen Beständen der Krankenakte jedoch keine Angaben mehr. Bemerkenswert immerhin: Der Leichnam von Peter Schäfer wird nicht eingeäschert. Vor einer etwaigen Exhumierung scheint sich niemand von der Anstaltsleitung fürchten zu müssen: Ein weiteres Indiz dafür, daß Peter

Ein Grab zwischen vielen – jedoch das einzige mit Namensschild und Blumenschmuck

Schäfer tatsächlich nicht Opfer des NS-Euthanasieprogramms geworden ist? Die sterblichen Überreste des Blumepeter werden drei Tage später, am 18.6.1940, um 14.30 Uhr auf dem Wieslocher Anstaltsfriedhof beigesetzt. Das Grabkreuz trägt die Nummer 1197, die Bestattungsgebühr wird fein säuberlich mit 95 Reichsmark und 70 Pfennigen angegeben. Blumepeters Tod ist selbst der gleichgeschalteten Presse eine Würdigung wert. Wobei in der überregionalen Ausgabe des „Hakenkreuzbanner“ bemerkenswerterweise keine Rücksichten genommen werden und ein Blumepeter-Foto aus seiner Mannheimer Zeit als Blumenverkäufer mit folgendem Text versehen wird:

„Nach Meldungen aus Mannheim ist der 'Blumenpeter', der schon seit vielen Jahren in der Wieslocher Heil- und Pflegeanstalt als Geisteskranker untergebracht war, dort vor einigen Tagen im 65. Lebensjahr gestorben. Er galt lange als Mannheimer Original. Peter Schäfer, wie sein richtiger Name lautet, wurde am 5. April in Weinheim (sic!) geboren. Von den vielen Blumenpeter-Witzen, die man erzählt, gehen allerdings nur die wenigsten auf sein eigenes Konto.“

Die gleichgeschaltete Mannheimer Presse geht indes viel milder mit der legendären Figur und ihrer realen, gerade verstorbenen Verkörperung um. So erscheint in der Mannheimer Ausgabe des „Hakenkreuzbanners“ unter dem Autorennamen „Theobald“ dieser geradezu salbungsvolle Nachruf:

„Der Blumenpeter ist tot. Die meisten Mannheimer kannten ihn nur noch vom Hörensagen, und wenn er sogar bei den 'reingeplackten' Mannheimern eine gewisse Berühmt-

Die Gaststätte in S3,3 (mit Pächterin Maria Bader im Bild) trägt zwar seinen Namen, doch Peter Schäfer war hier nie drin: Die nach ihm benannte Kneipe wurde erst in den fünfziger Jahren eröffnet...

heit erlangte, so war dies nur den unzähligen Witzen und Anekdoten zu verdanken, die über ihn in Umlauf gesetzt wurden, aber mit dem Blumenpeter selbst gar nichts zu tun hatten. Ich sah den kleinen, rundlichen Mann noch vor vielen Jahren durch die Straßen unserer Stadt gehen, ja, ich sehe ihn noch leibhaftig vor mir, mit dem Blumenkörbchen am Arm, wie er die bösen Buben abwehrte, wenn sie ihn 'uhzen' wollten. Er war ein harmloser, gutmütiger Mensch, gar nicht so dumm, wie es schien, und wohl imstande, mal eine Gaudi mitzumachen, falls die rechten Leute dabei waren. In einigen Alt-Mannheimer Gaststätten bewahrt man noch sein Bild und manche heitere Erinnerung an den Blumenpeter, der dieser Tage im Alter von 65 Jahren das Zeitliche segnete. Den Mannheimern wird er immer als populärste Figur unter all den vielen Originalen der Quadratestadt in Erinnerung bleiben, und wenn wir alle einst dahingegangen sind, dann wird man im 'Habereckl', im 'Daawe Hammel' und anderswo noch manche Geschichte vom Blumenpeter erzählen."

Daß der Blumepeter die letzten zwanzig Jahre seines Lebens in der Psychiatrie verbrachte und schließlich in der Wieslocher Anstalt verstarb, bleibt bezeichnenderweise unerwähnt. Schließlich läuft gerade das nationalsozialistische Euthanasieprogramm auf Hochtouren, da könnten solche Anmerkungen für unerwünschte Irritationen und Nachfragen sorgen. Schließlich haben sich schon damals um die Figur des Blumepeter bereits Legenden gerankt, die nichts mit dem wirklichen Lebensweg des Peter Schäfer zu tun haben. Seit der auffällige kleine Mann im November 1919 aus dem Verkehr gezogen wurde und nicht mehr zum Mannheimer Stadtbild gehörte, mag die blühende Phantasie endgültig die Oberhand über reale Erinnerungen gewonnen haben. Der Blumepeter hat sich fast schon völ-

Blumepeters Wieslocher Domizil von 1929 bis 1940, heute Station 18 des Psychiatrischen Landeszentrums Nordbaden

lig von der Person des Peter Schäfer gelöst: Im Juni 1940 gilt es aber noch einmal an den tatsächlichen Blumepeter möglichst schonend, schönend und unverdächtig zu erinnern. Auch in der „*Neuen Mannheimer Zeitung*" findet sich damals unter der Überschrift „Der Blumenpeter gestorben" ein Nachruf, der die psychiatrische Unterbringung ausspart und den Lebenslauf des geistig und körperlich behinderten „Stadtoriginals" mehr zu verklären als zu klären sucht:

„Auf 65 Jahre hat er's gebracht, der fast schon sagenhaft gewordene, am Sonntag vor acht Tagen verstorbene kleine Mann, genannt der 'Blumenpeter', den die ältere Generation unserer Stadt noch von Angesicht zu Angesicht gesehen, die junge ihn aber, da er schon vor einer Reihe

von Jahren aus dem Weichbild Mannheims verschwunden ist, nur vom Hörensagen, vor allem jedoch von den vielen mehr oder weniger guten Witzen und Anekdoten her kennt, die heute noch von den Vereinsbühnen herab und an den Stammtischen, ja sogar in der humoristischen Ecke mancher auswärtigen Zeitungen erzählt werden, von denen freilich die wenigsten den Blumenpeter zum Urheber haben. Er hieß nicht etwa Peter Blum, sondern Peter Schäfer und entstammte einer fleißigen und achtbaren Mannheimer Arbeiterfamilie. Weil Peter im Wachstum zurückblieb und neben Asthma an einem Sprachfehler litt, konnte er keinen handwerklichen Beruf ergreifen, weshalb er sich auf den Verkauf von kleinen Blumensträußen in den hiesigen Gaststätten verlegte und solcherart sein bescheidenes Brot verdiente. Er war gar bald in ganz Mannheim unter dem Namen 'Blumenpeter' bekannt. Weil unsere Stadt im Ruf steht, eine Hochburg pfälzer Humors zu sein, konnte es nicht fehlen, daß angeheiterte Gaststättenbesucher den Blumenpeter auf seinen Rundgängen mit den Kindern Floras zur Zielscheibe ihres Witzes machten und ihm mancherlei, nicht immer harmlose Scherze zur Kenntnis brachten, die Peter gelegentlich wieder weiter erzählte. Von Natur ein gutmütiger, durchaus nicht unintelligenter Mensch, bot er, immer sauber gekleidet, seine Blumen an und konnte nur in Zorn geraten, wenn ungezogene Buben zwischen 10 und 25 Jahren ihn ob seiner körperlichen Kürze hänselten oder seine schwere Zunge nachahmten."

Daß der Blumepeter *„eine ausgeprägte humoristische Ader besaß"*, versucht der Schreiber des Nachrufes noch anhand der beiden von Karl Buck verbürgten Anekdoten über den fingierten Ringkampf im Bernhardussaal und der Szene vor dem Ladengeschäft in den G-Quadraten zu belegen, als Buck Peter Schäfer die Augen zuhielt und der darauf mit „*A...loch*“ lospoltern wollte. Das bleiben indes die einzigen Belege der angeblichen Schlagfertigkeit des Blumepeter, doch der gütige Nachruf schließt aus den beiden Beispielen:

„*Diese und ähnliche waren wohl der Anlaß, daß Blumenpeter, auch als er seinen Beruf aufgab und in den Gaststätten Mannheims nicht mehr zu sehen war, noch als Verantwortlicher galt – und wahrscheinlich über sein Grab hinaus noch lange gelten wird – für zahllose Anekdoten und Stammtischwitze, von denen er keine Ahnung hatte, auch für solche, die noch im Schoß der Zukunft liegen. Seine Seele mag sich mit der Friedrichs des Großen und anderer Körper- und Geisteshelden trösten!*“

Anno 1940 vom Preußenkönig Friedrich dem Großen auf den Mannemer Blumepeter zu schließen: Welch eine tollkühne Verbindung... Aber der echte Peter Schäfer ist tot und der Weg frei, sich vom realen, unangenehmen Blumepeter zu verabschieden. Was in den Jahren nach dem Untergang der Nazi-Diktatur denn auch vollends geschieht: Schon um sich nicht der peinlichen (und damals ganz und gar nicht zu klärenden) Frage stellen zu müssen, ob das vermeintlich urtypische Mannheimer Original nicht doch im Gefolge des NS-Euthanasieprogramms umgebracht worden ist...

***

Wege zum Nachruhm

Bereits zu Peter Schäfers Lebzeiten wurden „Original Blumepeter-Witze“ veröffentlicht: Patient Schäfer war schon seit über einem Jahr in der Wieslocher Psychiatrie untergebracht, als der wahrscheinlich populärste und anspruchsvollste Autor kurpfälzer Mundartdichtung, der Mannheimer Bankdirektor Hanns Glückstein, seine „Schnitz unn Witz vum Blummepeter!“ in Druck gab:

„Wer redd heut in Mannem noch vum Blummepeter? Wer denkt heut in dere leichtlewige Zeit noch an's letschte Original, wo Mannem g'habt hott? Mannem war immer arm an Originale unn wann m'r die werklich originelle Figure uffzähle will, dann lange die Finger vun eenere Hand! Jedenfalls der, wo de Mannemer am meischte Schpaß gemacht hott, unn um den, wo sich die meischte Legende gebild't hawwe, unn vun dem, wo die schönschte Witz verzählt werre, des is unschtreitig de Blummepeter! De Peter war nit dumm; der hott genau gewißt, was'r will unn sein Leut hott'r gekennt, wo was zu hole war unn denne'r sei Blummeschträußel hott verkaafe könne! Jedes Kind hott de Peter gekennt, unn wann'r uff de Trepp vun de Synagog als 'älteres Semeschter' in de Zwanzig odder Dreißig mit de kleene Buwe unn Mädle g'sesse hott, dann war'm keen Schpiel zu wenig, vorausg'setzt, daß'n keener ge-uzt hott; dann do is'r als schwer in die Woll kumme, so harmlos'r als suscht hott sein könne! Die meischte Witz, wo in Mannem kursiere, werre'm Blummepeter angedicht', n'Beweis defor, daß'r werklich e volkstümlichi Figur gewese is, so lang'r in Mannem war!“

Hanns Glückstein zitiert natürlich sodann herzhaft zwei Beispiele solcher „angedichteten Witze“:

„De Peter hott emol zum Geburtstag vunn e paar Verehrer 'n wunnerschöner Schtock mit 'me ganz aparte Griff g'schenkt kriegt. De Schtock hott e normali Größ g'habt unn war natürlich for de Peter viel zu groß, weil'r nie üwwer's Maaß vu 'me zehnjährige Kind nausgewachse is, unn sein Hand immer an dem Schtockgriff hott nufflange müsse! M'r kann sich denke, wie komisch des war: des kleene Männele mit dem große Schtock! Unn do hott emol eener zu'm g'sagt: 'Peter, loß doch de Schtock abschneide, der is jo viel zu groß for dich!' – 'Hosch recht', hott de Peter geantwort, 'awwer's wär schad for de schöne Griff!' – 'Ha', hott de anner gemeent, du kannscht'n doch unne abschneide losse ... !' – 'Neen', war die Antwort vum Peter, 'unne paßt'r!'“

Nicht von ähnlich schön absurder Qualität erweist sich das zweite Glückstein-Stück: Hier geht es um die legendäre Schlagfertigkeit des Blumepeter:

„Ame schöne Tag is de Peter emol in Heidelberg vor 'me wunnerbare Neubau g'schtanne. 'Sie', hott'r 'n Heidelberger g'froogt, wo zufällig gewißt hott, daß des de Blumepeter is, 'was gebt dann des for e Haus?' – 'Des? Des gebt e Narrehaus!', war die Antwort. 'So?', hott de Peter verwunnert g'sagt, 'for wen?' – 'For die Mannemer', hott de Heidelberger g'sagt, um de Peter zu uze. 'So, for die Mannemer', hott de Peter gelacht, 'ich hab m'r doch glei gedenkt, daß des for die Heidelberger zu kleen is!'“

Wie betont, Hanns Glückstein war der talentierteste Vertreter Mannemer Mundartdichtung: Sein früher Tod im

Ein bemerkenswerter Nachruhm

Blumepeter

WIE ER WIRKLICH WAR

Jahre 1931 mag auch dazu beigetragen haben, daß die später erfundenen Blumepeter-Witze und Anekdoten in der Qualität deutlich abfallen. Stilprägend für sämtliche Blumepeter-Geschichten wird vielmehr seit den fünfziger Jahren der Mannheimer Gymnasiallehrer Adolf Blösch, der unter dem Namen Adam Schölb nacheinander drei alsbald sehr beliebte Sammelbände mit Blumepeter-Witzen veröffentlicht. 1959 wird daraus Bläschs/Schölbs Opus Magnum, „Das große Blumepeter-Buch", das bis heute mehrfache Neuauflagen erlebt hat. Die 522 darin kolportierten Witze, Kalauer und Anekdoten rund um den Blumepeter sind samt und sonders erfunden, scheinen auch von anderen Vorbildern Marke „Tünnes und Schäl" abgekupfert oder zumindest inspiriert. Die manchmal hintersinnig-heiteren, bisweilen absurden, des öfteren allerdings auch arg abgestandenen Wanderwitze befördern aber erst recht den posthumen Nachruhm: Man fragt sich angesichts dieser merkwürdigen Verklärung, ob da viele nicht etwas wiedergutmachen wollten? Adolf Blösch/Adam Schölb selbst formulierte es als sogenannter Herausgeber der Blumepeter-Bücher in seinem Vorwort zur ersten Buchauflage folgendermaßen:

„Es war vielleicht nicht so sehr sein urwüchsiger Mutterwitz, der ihm alle Herzen gewann, sondern vor allem der Umstand, daß alle auf ihn heruntersehen konnten, körperlich und geistig. Jeder, auch der Einfältigste, konnte sich ihm überlegen dünken und schmunzelnd, oft mit einem leisen Unterton von Geringschätzung, seinen Witz an ihm erproben. So etwas tut gut, schmeichelt der Eigenliebe und macht zu wohlwollendem Entgegenkommen bereit. (...) Hütet Euch vor dem billigen Stolz der Normalgebauten, dem lächerlichen und gedankenlosen Hochmut geistiger Dutzendware! Gott ist in den Schwa-

chen mächtig! – Wieviele schon hat man auf Sockel gestellt, die – bei Lichte besehen – unendliches Leid über die Menschheit gebracht haben (...). Gebührt nicht mit viel größerem Recht ein ragendes Mal dem unscheinbaren, kleinen Mann, der nichts als Heiterkeit und Frohsinn um sich verbreitete (...)?"

Aus Schölbs Feder stammt auch das Büchlein „Blumepeter wie er wirklich war", das die angeblichen Tagebuchaufzeichnungen von „Peters Vetter Thedor" verwertet haben will. Besagter Thedor sei „dichterisch befähigt" und habe die Wesenszüge seines Vetters Peter Schäfer erfaßt und ans Licht gezogen, heißt es darin:

„Langjähriger vertrauter Umgang mit Peter gab ihm Einblicke in die seelische Verfassung dieses 'Stiefkind des Glückes', die uns sehr nahe gehen. Sind wir denn blind gewesen? – Haben wir nicht bemerkt, daß dieses unvergeßliche Original keine bloße Witzfigur war, haben wir nie geahnt, daß auch dieser ewig grinsende Gnom eine empfindsame Seele besaß, daß hinter all seinen Possen und skurrilen Einfällen ein fühlendes Herz schlug, das wie wir Verlangen trug nach menschlicher Wärme, Liebe und Zärtlichkeit?"

Und so wird der Behinderte Peter Schäfer posthum in einer Mischung aus Mitleid, schlechtem Gewissen, reiner Unkenntnis, stilisierter Mundart und bemühter Traditionspflege endgültig zu dem Mannheimer Original schlechthin emporgeschrieben. Auch und gerade von der Mannheimer Lokalpresse, die sich des merkwürdigen Originals beizeiten annahm. Und selbst Karl Buck, der es eigentlich hätte besser wissen müssen, brachte 1954 den Mannemer Blumepeter auf die Fasnachtsbühne. So weit, die letzten Jahre des realen Peter Schäfer in der Wieslocher Psychiatrie völlig zu verharmlosen, ging allerdings wohl nur der 1976 verstorbene Adolf Blösch alias Adam Schölb. In seinen Witzsammlungen findet sich unter der Rubrik „Peter in Wiesloch“ diese typische Kostprobe:

„Ein Arzt beobachtet Peter im Garten, wie er dauernd auf einen Apfelbaum klettert und sich ins Gras herunterplumpsen läßt. Rauf – runter, rauf – runter, Peter sieht schon ganz zerknautscht aus. Erschrocken eilt der Anstaltsarzt zu ihm hin: 'Was machen Sie denn da?' – 'Ha sehe Se des net?', schnauft Peter ganz außer Atem, `isch schbiel doch Fallobst.'“

Zur Erinnerung: Am 29. Februar 1940, dreieinhalb Monate vor Peter Schäfers Ableben, war der erste Transport von Wieslocher Patienten in der Mordanstalt Grafeneck eingetroffen. Die von eigens angeworbenen Gutachtern aufgrund einfacher Meldebögen selektierten Patienten wurden am Morgen von den Omnibussen der „Gemeinnützigen Krankentransportgesellschaft“ in der Wieslocher Psychiatrie abgeholt, am Abend waren sie bereits ermordet und ihre Leichen verbrannt. Die Angehörigen erhielten standardisierte Trostbriefe, in denen noch Mitleid geheuchelt und die Übersendung der Urne mit der Asche des angeblich überraschend Dahingeschiedenen angeboten wurde. Bis zur Schließung von Grafeneck im Dezember 1940 wurden dort 409 Männer und 324 Frauen aus der Anstalt Wiesloch ermordet. Direktor Wilhelm Möckel kommentierte in einem Geheimbrief vom 14. August 1940, daß es sich bei den per Meldebögen selektierten Opfern um „weitgehend verblödete und teilweise recht störende Patienten“ handele. Vielleicht war es daher auch nur Zufall, daß besagte Herzschwäche Peter

Schäfer die Ermordung in Grafeneck erspart haben mag? Ob der Blumepeter als NS-Euthanasieopfer auch zu diesem merkwürdigen Nachruhm gekommen wäre? Dr. Hans Dieter Middelhoff zeigt sich auch ohne solche Spekulationen wenig glücklich über das, was verklärende Witzeleien aus dem wirklichen Blumepeter gemacht haben:

„Dieser Nachruhm von Peter Schäfer als Blumepeter wirft ein schiefes Licht auf die Behinderten. Viele machten sich lustig über ihn, machten ihn zur Karikatur. Wenn Behinderte mit ihren existenziellen Leiden nur in diese Schublade getan werden, dann ist dies schon sehr tragisch. Also so uneingeschränkt zu befürworten ist ein solcher Nachruhm nicht."

Vielleicht wäre das merkwürdige Gedenken an den Blumepeter als typischer Verkörperung von Mannheimer Witz und Schlagfertigkeit ganz und gar anders ausgefallen, wenn nicht auch und gerade in der Wieslocher Anstalt über die Greuel der Vergangenheit ein Mantel des Schweigens und Verdrängens gesenkt worden wäre. Aber schließlich wurde der Anstaltsbetrieb nach Kriegsende mit Ärzten und Pflegepersonal aufrechterhalten, die von den Geschehnissen zu Zeiten der Nazi-Psychiatrie wußten, wenn nicht sogar selbst daran beteiligt waren. Gibt es deshalb in den Wieslocher Blumepeter-Akten möglicherweise noch ein paar Merkwürdigkeiten zu entdecken?

Bereits am 28. Februar 1947 erkundigt sich der Mannheimer Journalist Hans Roden per Brief bei der Anstaltsleitung nach dem Schicksal des Blumepeter. Roden möchte nämlich eine „Abhandlung über das Mannheimer Original" schreiben, will dazu etwas über den Zeitraum der

Unterbringung des Blumepeter wissen, erbittet auch leihweise ein Bild Peter Schäfers, will auch erfahren, wo Schäfer begraben sei und fragt ganz naiv: „Welche Angaben könnten Sie sonst noch machen?"

Bereits vier Tage später, keine 24 Stunden nach Eingang des Briefes, antwortet Professor Dr. Gregor am 4. März 1947:

„Die ärztliche Schweigepflicht verbietet uns leider ihren Wünschen bezüglich Peter Schäfer zu entsprechen."

Reporter Roden gibt nicht nach und schaltet das Wieslocher Standesamt ein, das sich dann wegen der Grabstätte Peter Schäfers noch einmal an die Anstaltsdirektion wendet, worauf dann lakonisch mitgeteilt wird:

„Grab Nummer 1197 auf dem Anstaltsfriedhof."

Auch innerhalb der Anstalt, die mittlerweile „Psychiatrisches Landeskrankenhaus Wiesloch" heißt, findet sich bald ein jüngerer Arzt, den das Schicksal des „Blumepeter" interessiert. Nennen wir ihn aus datenschutzrechtlichen Gründen nicht mit richtigem Namen, sondern führen wir ihn hier als Dr. Vierhaus ein. Vierhaus ist neu in der Wieslocher Anstalt und schreibt am 18. Juni 1954 an die Direktion der Kreispflegeanstalt Weinheim:

„Wir bitten um kurzfristige Übersendung der dort entstandenen Akte über Ihren ehemaligen Pflegling Peter Schäfer, geboren am 5. April 1875, aus Mannheim/Plankstadt. Es wäre uns besonders wertvoll, aus diesen zu entnehmen, welche genauen Umstände am 6. Dezember 1919 zu seiner Einweisung geführt haben."

Dr. Vierhaus erhält die Weinheimer Krankenakten des Blumepeter anstandslos mit Begleitschreiben vom 23. Juni 1954. Dann passiert fast acht Jahre lang nichts, zumindest scheinen die Unterlagen über Peter Schäfer wie vom Erdboden verschwunden zu sein. Denn am 17. April 1962 schreibt Dr. Sandmüller (auch dessen wirklichen Namen müssen wir dem geneigten Leser vorenthalten), der stellvertretende Direktor der Wieslocher Psychiatrie, einen aufgeregten Brief an den mittlerweile in Köln lebenden Kollegen Dr. Vierhaus und verlangt die sofortige Herausgabe der Krankenakten des Blumepeter wegen einer angeblich wichtigen Anfrage der Stadt Mannheim und mehrfach von ärztlicher Seite gewünschtem Einblick. Aus Köln kommt jedoch keine Antwort, Dr. Sandmüller schreibt noch zwei weitere Briefe, droht zuletzt sogar mit juristischen Mitteln, ehe Dr. Vierhaus dem älteren Wieslocher Kollegen am 7. September 1962 doch noch antwortet:

„Lieber Herr Sandmüller! Auf Ihre Anfragen betreffend die Unterlagen des Peter Schäfer, genannt Blumenpeter, möchte ich Ihnen mitteilen, daß ich schon wiederholt erklärt habe, daß sich diese Unterlagen nicht in meinem Besitz befinden. Ich habe sie zwar seinerzeit entliehen, Auszüge aus ihnen gemacht und längere Zeit in den Diensträumen der Außenfürsorge gehabt, weil ich etwas über den Blumenpeter schreiben wollte. Ich bin dann aber wegen der Spärlichkeit der Unterlagen davon abgekommen. In meinem Besitz befinden sich diese – es handelt sich nicht um eine Krankengeschichte, sondern um die sogenannte Verwaltungsakte – jedenfalls nicht. Das war ja gerade der Grund, weshalb die Sache so wenig ergiebig war, weil eine Krankengeschichte schon damals, also in den Jahren 1957/58, nicht mehr auffindbar war. Ich

bedauere in dieser Angelegenheit weiter nichts mehr sagen zu können."

Kollege Sandmüller gibt sich damit nicht zufrieden. Befürchtet er, daß aus der Blumepeter-Krankenakte etwas in die falschen Hände, gar an die neugierige Öffentlichkeit geraten sein könnte? Oder hat der jüngere Kollege Vierhaus tatsächlich etwas verschwinden lassen? Am 4. Dezember 1962 richtet Sandmüller eine briefliche Anfrage an die Außenfürsorge der Wieslocher Psychiatrie, wo Vierhaus früher tätig gewesen war. Aber dort finden sich tatsächlich keine Unterlagen. Dennoch gibt Dr. Sandmüller nicht auf – und wird ein halbes Jahr später in der Wieslocher Abteilung FH 3 doch noch fündig:

„Aktennotiz vom 20. Juni 1963. In Gegenwart der (...) Oberpflegerin (...) wurden heute die dort hinterlassenen Papiere des Dr. Vierhaus (...) oberflächlich gesichtet und dabei Krankengeschichte und Akten über den Blumenpeter gefunden. Die Äußerungen des Dr. Vierhaus treffen also, wie schon immer vermutet, nicht zu. Die Krankengeschichte wird wieder dem Archiv einverleibt."

Tags darauf wird die *„wieder zum Vorschein gekommene Krankengeschichte über den Blumenpeter (...) zur Ablage in das (Wieslocher) Krankenblattarchiv gegeben"*. Zugleich wird die Rücksendung der vor über acht Jahren aus Weinheim eingegangenen Akkten über Peter Schäfer vermerkt. Bleibt die Frage, ob sämtliche Krankenunterlagen des Blumepeter tatsächlich komplett erhalten sind, und ob nicht – von welcher Seite auch immer – etwas beiseite geschafft worden ist. Hatte Dr. Sandmüller vielleicht Angst, es könne sich noch etwas Belastendes in den Krankenakten befinden? War er sich vielleicht gar nicht so sicher, ob Peter Schäfer nicht doch Opfer des NS-Euthanasieprogramms geworden sein könnte? Oder wußte er etwas ganz anderes, was nicht an die Öffentlichkeit dringen durfte? Dr. Sandmüller war ja schon zu NS-Zeiten Arzt in der Wieslocher Anstalt...

Für ausgeschlossen und unwahrscheinlich hält dies jedoch Gerhard Wagner, Pressesprecher und Personalrat der Wieslocher Psychiatrie (die mittlerweile unter dem Namen „Psychiatrisches Landeszentrum Nordbaden" firmiert):

„Ich kannte besagten Dr. Sandmüller noch persönlich, es war ein sehr genauer, geradezu penibler Mensch, der sich wohl entsprechend sorgfältig um den Bestand der Krankenakten kümmerte. Immerhin war er stellvertretender Ärztlicher Direktor. Von irgendwelchen Verstrickungen zu Zeiten der NS-Diktatur ist nichts bekannt. Peter Schäfer zählte zu den Patienten von Dr. Sandmüller, mindestens zwei der Blumepeter-Fotos aus der Wieslocher Krankenakte wurden von Sandmüller selbst aufgenommen."

Ein halbes Jahr nach dem Wiederauftauchen der Blumepeter-Akten berichtet Dieter Preuss für die *„Schwetzinger Zeitung"* am 13. Dezember 1963 anläßlich der Veröffentlichung des „Großen Blumepeter-Buches" über das Leben Peter Schäfers und zitiert Äußerungen eines Gesprächs mit dem Wieslocher Oberarzt Dr. Sandmüller, der sich noch aus eigenem Erleben an den „Blumepeter" erinnert:

„Ein armer, kranker Patient. Die Krankengeschichte kann ich natürlich nicht mit Ihnen erörtern. (...) Im Zwangsverfahren kam der Peter Schäfer nicht hierher, wir haben

da lediglich eine Statthafterklärung der Kreispflege Weinheim bei den Akten. (...) In den letzten Jahren seines Lebens hat der arme Kerl Roßhaar gezupft. Das ist so ziemlich die primitivste Arbeit in einer Heil- und Pflegeanstalt. Nach allem, was ich von Peter Schäfer weiß, möchte ich aber bezweifeln, daß der Patient jemals in seinem Leben einen Witz geboren hat.“

Immerhin, das Generallandesarchiv Karlsruhe, das heute die verbliebenen Original-Krankenakten Peter Schäfers verwahrt, hat sich dankenswerterweise dazu entschlossen, vor Ablauf der Sperrfrist Einsicht in diese Dokumente aus der Wieslocher Psychiatrie zu gewähren, denn der Blumepeter sei inzwischen eine Person des öffentlichen

Grabnummer 1197 im Oktober 1998

Lebens und des öffentlichen Interesses geworden. Was den Recherchen wichtige Impulse gab ...

Peter Schäfers Grab auf dem kleinen Anstaltsfriedhof in Wiesloch ist nach wie ein Ort des stillen Gedenkens geblieben, weiß Dr. Hans Dieter Middelhoff zu berichten:

„Sein Grab ist ein Grab von vielen, allerdings durch ein eigenes Namensschild 'Blumenpeter' deutlich gekennzeichnet. Es kommen immer wieder Besucher, die danach fragen. Das Grab wird von der Stadt Mannheim bzw. von der Mannheimer Karnevalsgesellschaft 'Feuerio' gepflegt. 'Feuerio'-Mitglieder haben früher in der Wieslocher Anstalt sogar für unsere Patienten Fasnachtssitzungen veranstaltet, legen auch noch Blumengebinde am Grab des Blumepeter nieder und hielten dort auch manchmal Gedenkreden. Und noch immer kommen Besucher aus Mannheim und anderorts in der Kurpfalz, um in Wiesloch die Grabstätte von Peter Schäfer mit Blumen zu schmücken."

Die Mannheimer Fasnachter vom Karnevalsverein „Feuerio" gedenken auch auf andere Art und Weise des merkwürdigen Mannheimer Originals: Als im Sommer 1967 von der Tageszeitung *„Mannheimer Morgen"* das von Gerd Dehof kreierte Blumepeter-Bronzedenkmal gestiftet wurde, starteten die Fasnachter noch im Oktober desselben Jahres ihr „Blumepeter-Fest" zugunsten der *„Mannheimer Morgen"*-Aktion „Wir wollen helfen". Dabei ist es bis heute geblieben, der Erlös liegt alljährlich bei einigen zehntausend Mark. Der Blumepeter sei ja auch ein bedürftiger Mensch gewesen und genau deshalb gelte es heute mit Hilfe des Blumepeter-Festes bedürftigen Menschen zu helfen, heißt es.

„Große Feuerio-Damenfremdensitzung“ anno 1954:
Karl Buck mimt den Blumepeter...

Das Blumepeter-Denkmal samt Brunnen stand ursprünglich auf dem Mannheimer Gockelsmarkt im Quadrat N 4: Der *„Mannheimer Morgen"* hatte das Ensemble anläßlich seines 20jährigen Bestehens der Stadt Mannheim geschenkt. Es könne nicht schaden, begründete damals MM-Chefredakteur Dr. Karl Ackermann die ungewöhnliche Stiftung, wenn der eine oder andere vermögende Einwohner etwas Schmuck und Farbe in die Eintönigkeit der Quadrate bringen würde. Anläßlich der Übergabe des „MM-Jubiläumsbrunnens" schreibt Claus Donath in seinem Bericht im *„Mannheimer Morgen"* vom 6. Juli 1967 weiter: *„Zur Wahl der Blumepeter-Figur sagte Dr. Ackermann, die Stifter hätten nach einer Figur gesucht, die das Wesen der Mannheimer und der Pfälzer auf einfachste Weise manifestieren könne. 'Wir Pfälzer sind ja bekanntlich weder große Poeten noch zähe Philosophen. Unsere Art ist die Lebenskunst.' Und als Symbolfigur für den pfälzischen Volkshumor habe sich der Blumepeter eben angeboten. Man solle dabei nicht so sehr an das Alltagsleben des zwergenhaften kleinen Mannes denken, sondern vielmehr daran, daß Fabel und Geschichte schließlich seinem naiven Dasein einen höheren Sinn gegeben hätten."* Der damalige Direktor der Mannheimer Kunsthalle, Dr. Heinz Fuchs, nannte den Blumepeter *„eine Ausgeburt des schlagfertigen Volkshumors, die sich jetzt bis zur Bronze verdichtet hat."* Und auf Einwände von Zeitzeugen, die den wirklichen Peter Schäfer noch selbst erlebt hatten (*„Se hawwe'n aber net gut getroffe, wenn mer'n gekennt hat."*), erwiderte Dr. Fuchs, es sei gar nicht die Aufgabe des Künstlers gewesen, die historische Figur, wie sie in Wirklichkeit existierte, abzubilden. Die historische Gestalt habe nur zum Vorbild der Symbolfigur gedient.

Mannheims Oberbürgermeister Dr. Hans Reschke erhob schließlich auch das Wort: „*Lieber stummer Freund Blumenpeter, ich weiß zwar nicht, ob Du alles verstanden hast, was über Dich gesagt worden ist. Aber immerhin hast Du vermocht, die Unruhe, das pulsierende Leben des Gockelsmarktes für eine kurze Zeit zu unterbrechen.*" Im Zeitungsbericht des „*Mannheimer Morgen*" heißt es weiter: „*Der OB zeigte sich erfreut darüber, daß der Brunnen so konstruiert sei, daß der Beschenkte nicht hereinfallen könne. Der 'Mannheimer Morgen', lobte der OB, habe nämlich auch die Montagekosten übernommen, andernfalls hätte die Stadt das wohlgemeinte Geschenk aus Geldmangel ablehnen müssen. Eine Zeitung als Stifterin eines Blumepeter-Brunnens sei besonders sinnvoll, weil das heutige Bild dieses kleinen Mannes das Ergebnis einer 'langdauernden, schrankenlosen Publizität' sei, sagte Dr. Reschke, auf die vielen, dem Blumepeter nachträglich angedichteten Schwänke und Äußerungen anspielend.*" Und der Mannheimer Oberbürgermeister schloß damals mit den Worten: „*Ich habe nur einen Wunsch: Das Denkmal soll Freude machen.*"

In derselben Ausgabe des „*Mannheimer Morgen*" notiert Claus Donath auch: „*Unauffällig unter die Schaulustigen gemischt, erlebte Else Metzger, die 75jährige Schwester des Blumepeter, die posthume Ehrung ihres berühmt gewordenen Bruders. Die Publizität ist der mit ihrem 78jährigen Ehemann erschienenen Mannheimerin allerdings gar nicht recht. Am liebsten möchte sie anonym bleiben. Zwar schämt sie sich, die jüngste und einzige noch lebende der fünf Schäfer-Geschwister, ihres Bruders keineswegs, aber zuviel Unflätiges, beklagt sie sich, sei ihrem Bruder nachträglich angedichtet worden. Er sei in Wahrheit ein stiller Mensch gewesen. 'Der hat ja nit lese un schreibe gekennt.' Die Wahrheit über ihren Bruder, meint Else Metzger, würde nicht viel hergeben, und dabei deutet sie mit Daumen und Zeigefinger eine Spanne von zehn Zeilen an. Daß ihm nachträglich ein Denkmal gesetzt wird, dagegen hat sie im Grunde freilich nichts einzuwenden. Nur mit der Darstellung ist sie gar nicht einverstanden. 'So hat der Peter nie ausgesehen', stellt sie abwehrend fest und besteht darauf, mit dem Bildhauer zu sprechen."*

Doch Gerd Dehof erhält alsbald einen weiteren Auftrag in Sachen Blumepeter-Denkmal: Im Auftrag des „*Mannheimer Morgen*" darf Dehof den „Bloomaulorden" kreieren. Die von der örtlichen Tageszeitung gezielt geförderte Blumepeter-Renaissance sorgt dafür, daß ab 1970 dieser ganz besondere Fasnachtsorden für verdiente Mannheimer Mitbürger aus der Taufe gehoben wird: Der „Bloomaulorden", eine Ordenskette, an der eine Blumepeter-Figur baumelt, die ihren Oberkörper ganz nach unten beugt und kopfunter die Welt mit dem Gesicht zwischen den gespreizten Beinen samt Hinterbacken beäugt. Der „Bloomaulorden" soll jenen Zeitenossen verliehen werden, die das Herz auf dem rechten Fleck haben und in der offenherzig-direkten Mannemer Mundart Schlagfertigkeit beweisen. Wobei „Bloomaul" eigentlich ein Schimpfwort ist: Denn das Verb „bloogen", von dem der Begriff abgeleitet wird, bedeutet „das Maul voll nehmen, aufschneiden, nicht ganz bei der Wahrheit bleiben". Das Ganze nun als Ehrentitel in Erinnerung an einen behinderten Menschen namens Peter Schäfer, den Blumepeter, der den Mordplänen der NS-Psychiatrie wohl nur dadurch entging, daß er wohl zeitig genug eines natürlichen Todes gestorben sein mag. Der Nachruhm des Blumepeter hat bemerkenswerte Blüten getrieben. Elsbeth Janda, nicht nur als kundige Interpretin von Blumepeter-Anekdoten im Jahr 1979 mit dem „Bloomaul-Orden“ ausgezeichnet, entgegnet:

„Wissen Sie, der Blumepeter war ein Kretin. Und trotzdem war er durch und durch eine Mannheimer Gestalt. So ist er für uns in Erinnerung geblieben und so verkörpert er für uns Mannheim. Auch auf eine Art, die von uns Toleranz fordert. Und gerade das finde ich gut.“

Auch von offizieller Seite scheint man in Mannheim gelassen damit umzugehen, daß ein körperlich und geistig behinderter Mensch zum Symbol seiner Vaterstadt aufgestiegen ist. Oberbürgermeister Gerhard Widder meinte anläßlich des 50. Todestages von Peter Schäfer in einer Sendung von „*Kurpfalz-Radio*“:

„Viele Geschichten sind ihm zugeschrieben worden. Er selbst hat ein schwieriges Schicksal gehabt, war aber auch andererseits ein Mann, der versucht hat, das Beste aus seinem Schicksal zu machen. Er hat in Mannheim Blumen verkauft, ist dadurch stadtbekannt geworden, war wohl auch einer, der nicht auf das Maul gefallen war, wie wir Mannheimer sagen würden. Vermutlich so ein Bloomaul, das deutlich seine Meinung gesagt hat. Es wird auch berichtet, daß der Blumepeter sehr grantig sein konnte, wenn es darauf ankam. Und so ist er mittlerweile in die Geschichte von Mannheim eingegangen. Viele Geschichten sind ihm zugeschrieben worden, und so wird es auch in Zukunft weiter sein.“

Löst sich die Geschichte des wirklichen Peter Schäfer doch noch in Wohlgefallen auf? Ist der Blumepeter vom armen Krüppel wirklich zum liebenswerten Maskottchen geworden? Der Mundart-Fachmann Kurt Bräutigam schrieb 1986 über den Blumepeter in einem Buchessay mit dem bezeichnenden Titel „Habder dann kän annere gfunne?“:

„Warum aber, so fragen manche, hat Mannheim ausgerechnet einen armen ‘Krippl’ zu seinem Maskottchen gemacht? Nun, jede Stadt hat ihren ‘Hofnarren’, ob der nun Nante heißt oder Tünnes und Schäl, ob Graf Bobby oder Klein Erna. Sie alle haben das Schießpulver nicht erfunden, und unser Blummepeter – Peter Schäfer mit bürgerlichem Namen – schon gar nicht. In seine Figur legt man nun einmal alles hinein, was den echten Mannheimer (und Pfälzer allgemein) charakterisiert: Schlagfertigkeit und Zungenschärfe, Humor und Witz bis zum Kalauer, Gutmütigkeit und Toleranz. Und das alles nicht etwa vom Verstand gelenkt, sondern gewissermaßen als Ausgleich für seine Behinderung in Peters tiefstes Innere hineinprojiziert.“

Bräutigam schreibt auch davon, daß *„der kindhafte Gnom (eine Art Vorgänger des Oskar Matzerath in der ‘Blechtrommel’)“* ein gewisses Gefühl des Betreuens und Beschützens beim Betrachter erweckt habe, frei nach dem Motto: *„Armer Kerl, ich bin froh, daß ich nicht so bin wie du!“* Und über sein eigenes Erleben des Blumepeter notiert der 1911 geborene Autor Kurt Bräutigam: *„Tagsüber stand Peter Schäfer an der U-Schule bei der Neckarbrücke und bot seine Blumen feil. Ich habe als Erstkläßler ihn dort stehen sehen, ohne ihn damals schon als VIP einordnen zu können. Abends watschelte er auf kurzen, krummen Beinen mit seinem Körbchen voller Veilchensträußen von Wirtschaft zu Wirtschaft, war überall gern gesehen und liebevoll bewitzelt und konnte sich* *auf seine Stammkundschaft verlassen. 'Du, kaaf mer ebbes ab!', forderte er von Tisch zu Tisch und konnte recht bissig werden, wenn man seiner Aufforderung nicht nachkam. So bot er einmal in der 'Landkutsche' einem Herrn, der mit seiner Frau am Tisch saß, seine Veilchen an. Als der Herr ablehnte, giftete Peter mit seiner näselnden und etwas lispelnden Stimme: 'Gell, geschderd, wo mit derre Blonde dokhockt bisch, do hoscht ma glei zwee Schtreißlin abgekaaft!'*" Wenige verbürgte Anekdoten über den Blumepeter gebe es, bemerkt Kurt Bräutigam – und steuert gleich selber eine bei: „*So blieb denn der 'Blummepeder' bis heute das verhätschelte Sorgenkind der 'Mannemer', dem sie ihren Spott wie ihre Liebe, ihren Witz wie ihre Schlagfertigkeit (...), ihre Toleranz wie ihre Hilfsbereitschaft zuwenden können.*"

Wird der Blumepeter also im kollektiven Gedächtnis der Mannemer weiterleben? Und vielleicht doch noch ein klein wenig an den wirklichen Peter Schäfer erinnern? Oder ist das alles nur ein merkwürdig verbrämtes Eingeständnis, vor dem persönlichen Schicksal dieses behinderten Mannes und dem Los seiner anderen, unbekannteren Leidensgenossen versagt zu haben? Ich fürchte, die vielen Fragezeichen sind berechtigt, vielleicht ist es ja sogar ein Trost oder gar die Gnade menschlichen Vergessens, daß jüngere Zeitgenossen mit diesem merkwürdigen Denkmal auf den Mannheimer Kapuzinerplanken kaum noch etwas anzufangen wissen, geschweige denn, daß sie etwas über das Schicksal des tatsächlichen Blumepeter namens Peter Schäfer wissen. Was sehr schade wäre, zugleich aber der Grund ist, weshalb dieses Buch geschrieben wurde.

* * *

Bildnachweis

Generallandesarchiv Karlsruhe
Seiten 43, 47, 52, 57, 88

Stadtarchiv Mannheim
Seiten 24, 26, 28, 34, 70

Archiv Reuß
Titelbild und Seiten 6, 14, 17, 18, 20, 22, 31, 37, 39, 60, 62, 64, 69, 70, 79, 81

Im selben Verlag erschienen

Wer da meinte, das durch die Unesco-Erhebung zum Weltkulturerbe erklärte Kloster Maulbronn böte in seiner Geschichte eine Fülle klaren Materials, muß sich getäuscht sehen: die historisch gesicherten Quellen fließen dünn. Zwischen diesen schütteren Daten und prallen Gewißheiten führt das Buch durch die Schönheiten und Ungeklärtheiten eines architektonischen Juwels. Es sind nachgetragene Gedanken von „gezielter Unfeierlichkeit", der Blick des zum Sarkasmus neigenden Autors ist von der „ironischen Optik" geprägt. Dennoch ist das Buch ein verschämt knarziger Lobpreis des im zwölften Jahrhundert gegründeten Zisterzienserklosters.

Günther Mahal
Wie der Esel wohl hieß?
Ungeklärte Rätsel und offene Türen um und in das Maulbronner Kloster
88 Seiten, 54 Abbildungen, gebunden, DM 29,80
ISBN 3-933486-01-7